歴史や文化がぎゅっと詰まった
家庭菓子の56レシピ

American Cookies

アメリカンクッキー

原 亜樹子
Akiko Hara

誠文堂新光社

はじめに

2018年の夏に訪ねたマサチューセッツ州ボストンでは、
ベーカリーで働く方が「無駄にできないから」と
残ったパンやパンくずを粉にして作った「クッキー」を食べさせてくれました。
生地を発酵させずに焼くクッキーでは味わうことのできない、
独特の香ばしさと奥深い風味。
古いコミュニティクックブックでしか見たことのなかった
「パンくず（ブレッドクラム）クッキー」に出合えた喜びをかみしめました。

アメリカで生まれたクッキーという言葉は懐が深く、
アメリカ生まれの「チョコレートチップクッキー」はもちろん、
このブレッドクラムクッキーも、イタリアから伝わった「ビスコッティ」も、
ユダヤ人から広まった「ルゲラ」も、全部クッキー。
多くの移民、多様な考え方からなる、とてもアメリカらしい言葉です。

クッキーはアメリカの家庭菓子の代表で、
普段の日にも、特別な日にも欠かせません。
子どもたちの初めてのお菓子作りにはチョコレートチップクッキーが選ばれ、
ホリデーシーズンには手作りのクッキーを詰めた「クッキー缶（ティン）」を贈り、
クリスマスにはサンタさんのためにクッキーとミルクを用意します。
そして、キッチンカウンターに手作りのクッキーがおいてある
日々の暮らしに、くつろぎと幸せを感じます。

Cookies

生活に深く根づいているからこそ、
クッキーの種類も、それぞれのレシピも、
そこで生活してきた人の分だけ無数にあります。
クッキーはノスタルジアを感じさせるだけではなく、
時代を映す鏡でもあるところもおもしろく、
ポップアートで知られる芸術家アンディ・ウォーホルの趣味に、
クッキージャー（ガラス製やセラミック製の保存容器）の
コレクションがあったと知ったときは、意外なようでいて妙に納得できました。

本書のクッキーはアメリカのクッキーのごく一部にすぎませんが、
クッキーの歴史に大きな影響を与えたもの、
注目するとおもしろいものをできるだけ選び、
さらには私が個人的に大好きなクッキーのレシピも紹介しています。
みなさまに楽しんでいただけることを願って。

原　亜樹子

What makes American cookies American?
アメリカンクッキーについて

1
クッキーという言葉は、アメリカ生まれの英語

「クッキー」という言葉は、ニューヨークのオランダ移民から伝わったオランダ語「クーキエ（Koekje：小さなケーキ）」に由来するアメリカ生まれの英語です。カリカリねっちりな「ダブルチョコレートチップクッキー（p.10参照）」も、油脂の入らない「クリスピーココナッツマカロン（p.51参照）」も、しっとり食感の「とうふブラウニー（p.120参照）」も、全部クッキーの仲間。さまざまなバックグラウンドの食文化が混在し融合するアメリカで、定着すべくして定着した包容力のある言葉です。

紛らわしいのはイギリス由来の「ビスケット」ですが、こちらは「2度焼いた」の語源の通り、アメリカにはカチカチに焼いた船旅用の乾パンのような「シービスケット」や「ハードタック」として伝わりました。ときを経て、ビスケットは「ふんわりとしたクイックブレッド」として定着し、主にアメリカ南部の朝食として愛されています。

2
さまざまな暮らしのシーンに寄り添う

ホリデーシーズンには、クッキー缶（ティン）に自慢の手作りクッキーを詰めて贈るのもアメリカの古き良き伝統ですが、さらに盛んなのは、「クッキーエクスチェンジ」と称されるクッキー交換パーティ。

各自クッキーを1種類、参加人数×2〜3枚程度持ち寄り、コーヒーを飲みながらおしゃべりを楽しんだ後は、集まった人数と同じ種類だけクッキーを容器に詰めて持ち帰るというもの。実に合理的で楽しみ上手です。

持ち帰った多種多様なクッキーは、ホリデーシーズンの団欒や、子どもたちがサンタさんのために用意するミルクとクッキーのプレートを彩ります。

ホリデーシーズンに限らず、クッキーはお祝いのときにも欠かせません。私がその昔、イタリア系とスカンジナヴィア系アメリカ人の結婚披露宴で知った「クッキーテーブル」はその代表で、彼らの親類がこの日のためにわざわざ焼いたクッキーがずらりと並ぶテーブルは、素朴でぬくもりに満ちていて、とても幸福な気持ちに誘われました。

3
バラエティー豊かな食感の表現

アメリカンクッキーの食感をおいしそうに表す英語の表現は、バラエティーに富んでいます。

たとえば「メキシカンウェディングケーキ（p.43参照）」の「ナクサクほろほろ」とした食感は、「テンダー アンド クランブリー（Tender and Crumbly）」。さらに口の中でとろけるので、「メルト イン ユア マウス（Melt in your mouth）」。

「ダブルチョコレートチップクッキー（p.10参照）」の「ねっちり」や、「デーツトルテ（p.80参照）」の「もっちり」となると、「チューイー（Chewy）」。

「エナジーボール（p.86参照）」や「キャロットケーキクッキー（p.102参照）」のような「しっとり」とした食感は、「モイスト（Moist）」。

濃厚な「こうふブラウニー（p.120参照）」の「しっとり」とした食感は、「ファッジ（Fudgy）」。

そして、「オートミール、クランベリー、ホワイトチョコレートのチャンククッキー（p.16参照）」や「ポテトチップクッキー（p.18参照）」などの「サクサク」とした食感は、一般的に「クリスピー（Crispy）」ですが、「サクサクほろほろ」とした「ルゲラ（p.54参照）」のように、パイ生地のようなはかなさも表すなら「フレイキー（Flaky）」。

一方、「卵白で作るナッツたっぷりのビスコッティ（p.50参照）」の「ガリガリ」と食べ応えのあるものは、「クランチ（Crunchy）」と表現されます。

ちなみに「ドライ／パサついた（Dry）」や「タフ／かたい（Tough）」は好まれない食感の代表。クリスピーやクランチと似ているようで、まったく別の印象を受ける言葉です。

本書では、アメリカンクッキーならではの食感を楽しんでいただくため、すべてのクッキーに日本語での食感を記載しています。

4
アメリカンクッキーらしい香料やスパイス

今でこそアメリカのクッキーのスタンダードな香りは「バニラ」ですが、広く使われるようになったのは、価格が落ち着いた19世紀半ば以降。

それ以前の香料やスパイスは、ボストンなどの港町では西インド諸島産の「コリアンダーシード」、それからイギリスの植民地でよく飲まれたマデイラやシェリーなどの「ワイン」、シェーカー教徒製が名高かった「ローズウォーター」に加え、現在も親しまれている「アニスシード」「キャラウェイシード」「ナツメグ」「メース」「シナモン」「ジンジャー」「胡椒」などでした。

加えて、アメリカ大陸原産の「クランベリー」や「ピーカンナッツ」、「ピーナッツ」「カシューナッツ」、オレゴン州の「ヘーゼルナッツ」、カリフォルニア州の「アーモンド」や「クルミ」「レーズン」などの自然の恵みも、クッキーに加えるとアメリカらしい風味を生み出してくれます。

Contents

2 はじめに
4 アメリカンクッキーについて

Part.1
ドロップクッキー

10 ダブルチョコレートチップクッキー
12 チューイーなオートミールクッキー
14 ピーナッツバターとオートミールのクッキー
16 オートミール、クランベリー、
　　ホワイトチョコレートのチャンククッキー
18 ポテトチップクッキー
20 材料2つのココナッツマカロン
22 クラッカーパイクッキー
24 ビリーゴーツクッキー（雄ヤギのクッキー）
26 ブラック＆ホワイトクッキー
28 クライベイビークッキー（泣き虫のクッキー）
30 ベーニウェイファー

Part.2
成形クッキーと
型抜きクッキー

36 ペパーナッツ
37 ペカンタッシーズ
40 ジンジャーブレッドクッキー
42 イタリアンスプリンクルクッキー
43 メキシカンウェディングケーキ
46 スニッカードゥードル風マヨネーズクッキー
47 シュガークッキー
50 卵白で作るナッツたっぷりのビスコッティ
51 クリスピーココナッツマカロン
54 ルゲラ
56 ピーナッツバターブロッサム
58 サムプリントクッキー（親指のクッキー）
60 チョコレートクリンクルクッキー
62 ニューメキシカンアニスクッキー（ビスコッチート）

Part.3
古いクックブックの
クッキー

68 クリスマスのクッキー
70 シュルーズベリーケーキ
72 エイピー
74 ココナッツジャンブル
76 ジンジャースナップ
78 スニッポドゥードル
80 デートトルテ

Part.4
ノーベイククッキー

86 エナジーボール
88 マッシュドポテトキャンディボール
90 ノーベイク チョコレートタヒニクッキー
92 ノーベイク パンプキンタヒニクッキー
94 バーボンボール
96 チャーチウィンドウクッキー

Part.5
サンドイッチクッキーと
フィルドクッキー

102 キャロットケーキクッキー
103 ミニパンプキンウーピーパイ
106 シナモンブラウンシュガー
　　　トースターペイストリー
107 フィグロール

Part.**6**

スクエアとバー

114	ピーナッツバターとマーマレードの朝食スクエア
116	ニコナッツレモンバー
118	とうふレモンスクエア
120	とうふブラウニー
122	ハロードーリーズクッキーバー
124	ハーミットバー

Column

32	便利なアイスクリームスクープ
64	クッキーの型、いろいろ
82	アイスボックスクッキー
98	クッキードゥ
110	メレンゲバーク
126	風味豊かなクラッカー2種

●**本書の決まり**
・大さじ1＝15mℓ、小さじ1＝5mℓです。
・卵はM玉（正味約50g）のものを使用
　しています。
・液体も容量（mℓなど）ではなく、重さ
　（g）で表示しています。
・オーブンはあらかじめ設定温度に温
　めておきます。焼き時間は、熱源や機
　種などによって多少差があります。表
　示時間を目安に、様子を見ながら加減
　してください。

参考文献＆HP
Amelia Simmons. The First American Cookbook: A Facsimile of "American Cookery," 1796. Dover Publications; 1796th Facsimile 版 , 1984.
Andrew F. Smith. The Oxford Companion to American Food and Drink. Oxford University Press; 1 edition, 2009. p60-62, p69, p71, p83-P85, p95-96, p135-136, p147, p156-157． p162, p184, p188,p196, p312, p333, p391, p421, p441-442, p444, p438, p493, p544, p603, 624
Debora Hopkinson(Author), Giselle Potter(Illustrator). Independence Cake. Schwartz & Wade, 2017.
Deborah Hopkinson (Author), Nancy Carpenter(Illustrator). Fannie in the Kitchen. Aladdin, 2004
Eliza Leslie. SEVENTY-FIVE RECEIPTS FOR PASTRY, CAKES, AND SWEETMEATS (American Antiquarian Cookbook Collection). AMP COOKBOOKS, 2013.
Eliza Leslie. Miss Leslie's Directions for Cookery. Dover Publications, 1999.
Evan Jones. American Food. Gramercy, 1995. p30-31, p93, p104-105, p474
Fannie Merritt Farmer. The Original Boston Cooking School Cook Book 1896. Weathervane Books; Facsimile Edition edition, 1986.
Hugo Ziemann and Mrs. F. L. Gillette. The White House Cookbook; 1887 Facsimile Edition. The Saalfield Publishing Co. First Printing, 1983. P223
Irma S. Rombauer, Marion Rombauer Becker, Ethan Becker. The All New All Purpose Joy of cooking. Scribner; First edition. Full number line. edition, 1997. p838
James Beard. James Beard's American Cookery. Little Brown and Company (Canada) Limited, 1972. p705
Marjorie Kinnan Rawlings. Cross Creek. Scribner; Reprint 版 , 1996.
Marjorie Kinnan Rawlings. Cross Creek Cookery. Cross Creek Cookery. Fireside; 1st Fireside ed edition, 1996.
Mrs. Mary Randolph. The Virginia Housewife. Dodo Press, 2007.
Richard Sax. The Cookie Lover's Cookie Book. Harper Collins; 1st edition, 1986.
Rufus Estes. Rufus Estes' Good Things to Eat: The First Cookbook by an African-American Chef (Dover Cookbooks). Dover Publications; Dover Ed edition, 2004.
The Ozark Sentinel. Recipe from the Ozark Sentinel. The Ozark Sentinel, 2011. p83
原亜樹子『アメリカ郷土菓子』(2014)PARCO 出版 p.10
原亜樹子『おやつ＆おつまみビスコッティ』(2018) 主婦と生活社

New Mexico Secretary of State
http://www.sos.state.nm.us/
State Symbols USA https://statesymbolsusa.org/

ドロップクッキー

アメリカでは多くのクッキーがこのタイプで、
子どもたちも気軽に手作りする家庭菓子の代表選手

　スプーンを2本、もしくはアイスクリームディッシャー（スクープ）を使い、生地をポトンポトンと天板に落として（ドロップ）並べるので、「ドロップクッキー」と呼ばれます。

　オーブンの温度が安定しなかった時代、温度を確認するために、ケーキ生地をひとさじすくって焼いた試し焼きが、まさにドロップクッキーの始まりとされています。

　アメリカの国民的クッキーとされる「チョコレートチップクッキー」「オートミールレーズンクッキー」「ピーナッツバタークッキー」のほか、人気のあるクッキーの数多くがこのドロップクッキーです。

　手軽にできるので、忙しい合間を縫って作る家庭菓子の代表であり、子どもが初めて焼くクッキーの定番でもあります。

　ドロップクッキーの「しっとりチューイー」な食感は、焼きたての自家製ならではの醍醐味ですが、焼き加減次第では「サクサクと香ばしい」食感にもなり、また、具材の種類も量も、好みに合わせて自由自在。この自由度の高さもアメリカで支持される所以です。

> アメリカ人がこよなく愛する、国民的定番クッキーは、チョコレートチップのパッケージレシピが始まり

カリカリ ねっちり

ダブルチョコレートチップクッキー

　シンプルな生地にチョコレートチップを混ぜただけなのに、どうしてこうも愛されているのでしょう。
　「チョコレートチップクッキー」は、1930年代にマサチューセッツ州のB&B「トールハウスイン（Toll House Inn）」の主人ルース・ウェイクフィールドが、刻んだチョコレートをクッキー生地に混ぜて焼いたところ、予想に反して溶けずに残ったのがその始まりとされています。
　ウェイクフィールドのレシピを買い取ったネスレ社が、チョコレートチップのパッケージにレシピを載せたことから全米に広まり、アメリカのクッキーを代表するまでになりました。
　子どもでも手軽に作れるうえに、作り方次第でサクサクにもなれば、しっとりにもなり、チューイーにもなる。また、生地はプレーン生地でもいいし、紹介しているチョコレート生地でもいい。今ではオリジナルのレシピを離れ、自分好みのチョコレートチップクッキーを作り、楽しむ人がたくさんいます。
　このように基本レシピがある程度決まっているなかで、誰でも自分好みのオリジナルの味にできるというのは、さまざまなバックグラウンドをもつ人が集まるアメリカで広く支持される食べものに共通するようです。

生地に卵を加えず、バターではなく植物油を使うことで、
理想的なカリカリねっちりの食感に焼き上がります。

材料（直径7cm7枚分）

A
- 薄力粉 …80g
- ココアパウダー（砂糖不使用）…20g
- コーンスターチ …小さじ1
- ベーキングパウダー …小さじ1/3

製菓用チョコレート（カカオ分50〜55%）…25g

B
- 植物油（太白ゴマ油など）…40g
- 牛乳（室温）…30g
- キビ砂糖 …50g
- バニラオイル …少々

チョコレートチップ（(ビタータイプ)、
または板チョコレート（ビタータイプ）／
チョコレートチップ大に割る）…30g

下準備
・オーブンは180℃に予熱。
・天板にオーブンペーパーを敷く。

作り方

1 ボウルに製菓用チョコレートを入れ、湯せんにかけて溶かす。Bを材料表の上から順に加え、その都度シリコンベラでよく混ぜる。Aを合わせてふるい入れ、混ぜる。チョコレートチップを加え、練らないように混ぜる。

2 天板にアイスクリームディッシャー（またはスプーン2本）を使って7等分にしてのせ、直径6cmに広げる。その際、中央を少しへこませるようにすると、きれいな形に焼き上がる。手につくようなら、指先に少量の水をつけて作業する。2cmほど間隔を空けて並べる。

3 180℃のオーブンで11〜12分、周囲はかたく、中心はやわらかい状態まで焼く。網に取り、冷ます。

✣ Storing ✣
- 常温…密閉容器に入れて数日。
- 冷凍…保存袋に入れて3週間ほど。冷凍庫から出して数分おくと、食べやすいかたさになる。

✣ Point ✣
- 焼きすぎるとパサつくので注意。

Double Chocolate Chip Cookies

チューイーなオートミールクッキー

カリカリ ねっちり

ヨーロッパから伝わったオートミールで作る「オートミールクッキー」は、チョコレートチップクッキーと並ぶ人気者。ヘルシー志向の人にも人気です。

ファニー・メリット・ファーマーによる1896年の著作"Boston Cooking-School Cook Book（ボストンクッキングスクールのクックブック）〈p.76参照〉"にも作り方が載っていますが、全米で広く愛されるようになったのは、1900年代にクエーカー・オーツ・カンパニーがオートミールのパッケージにレシピを載せ続けたため。チョコレートチップクッキー同様、商品パッケージのレシピがアメリカを代表するクッキーとなりました。

アメリカの友人からもらったレシピが、「あの人からもらったものも、この人からもらったものも、まったく同じ」、なんてことがありますが、実はこれ、材料のパッケージのレシピであることが少なくないのです。代々自分の家オリジナルの味だと思ってきた味が、実はみんなと一緒のパッケージのレシピなんてことはアメリカではよくある話。それだけパッケージレシピが秀逸だということなのでしょう。

オートミールのパッケージレシピから生まれた
アメリカを代表するスタンダードクッキー

チューイー（まわりはカリッと香ばしく、中心はねちっとする）に焼き上げます。
冷めてもおいしいけれど、ぜひ、とろけるような焼きたてを味わってみてください。

材料（直径9cm8枚分）

A	薄力粉	…80g
	重曹	…小さじ1/3
	塩	…小さじ1/6
	オートミール(大粒は不向き)	…30g
B	植物油(太白ゴマ油など)	…35g
	キビ砂糖	…45g
	はちみつ	…15g
	バニラオイル	…少々
	牛乳(または豆乳)	…20g

下準備

・オーブンは180℃に予熱。
・天板にオーブンペーパーを敷く。

作り方

1 ボウルに**B**を材料表の上から順に入れ、その都度シリコンベラでなめらかになるまでよく混ぜる。**A**を合わせてふるい入れ、オートミールも加えて、練らないように混ぜる。オートミールがしんなりするまで、10分ほどおく。

2 天板にアイスクリームディッシャー（またはスプーン2本）を使って8等分にしてのせ、直径7.5cmに広げる。その際、中央を少しへこませるようにすると、きれいな形に焼き上がる。手につくようなら、指先に少量の水をつけて作業する。焼くと大きく広がるので、数cmの間隔を空けて並べる。

3 180℃のオーブンで7〜8分、周囲に香ばしい焼き色がつくまで焼く。網に取り、冷ます。

✣ Storing ✣

- 常温…密閉容器に入れて数日。
- 冷凍…保存袋に入れて3週間ほど。冷凍庫から出して数分おくと、食べやすいかたさになる。

✣ Point ✣

- 重曹の計量を間違えたり、粉にしっかり混ざらなかったりすると、苦味が出やすいので注意。心配な場合、重曹は少なめでいい。
- 焼きすぎるとパサつくので注意。
- オートミールは大粒のものを使うと、かたくて食べにくいので注意。

Chewy Oatmeal Cookies

ピーナッツバターと
オートミールのクッキー

サクサク
しっとり

アメリカの食卓に欠かせない
ピーナッツバターを使って

　1900年代の初めに、ピーナッツ博士として知られる植物博士ジョージ・ワシントン・カーヴァーが紹介した、たくさんのピーナッツレシピの中にあった「ピーナッツクッキー」は、ピーナッツを粒のまま使ったものでした。

　それが今では、ピーナッツのクッキーといえば、ピーナッツバターを使うものが主流です。ピーナッツバターは栄養価が高く、乳製品のバターを使わなくても濃厚な風味が出せるのが魅力です。

　オートミールは使い方次第で、さまざまな食感が楽しめるところがおもしろい。たとえば水を加えて煮れば、おかゆのようにねっとりとした「ポリッジ」になります。そのままミルクに浸せば、穀物そのもののキシキシっとした食感が楽しいシリアルの一種「ミューズリー」に。オイルやはちみつを絡めてローストすれば、サクサクとした「グラノーラ」に。

　クッキーの場合でも、ねっとりチューイーな食感になるかと思えば、このクッキーのようにサクサクとした食感にもなります。

ピーナッツバターをたっぷり加え、しっかり焼いたこのクッキーは、サクサクしつつも、中はしっとり。生地に卵を加えていないので、あっさりとした味わいです。

Peanut Butter Oatmeal Cookies

材料（直径7cm6枚分）

A 薄力粉 …80g
　　ベーキングパウダー …小さじ1/3
オートミール(大粒は不向き) …40g
B ピーナッツバター(微糖でクリーミーなタイプ)
　　　…30g
　　植物油(太白ゴマ油など) …25g
　　キビ砂糖 …50g
　　バニラオイル …少々
　　牛乳(または豆乳) …30g
クルミ(ローストして、粗く刻む) …30g
グリーンレーズン …20g

下準備
・オーブンは180℃に予熱。
・天板にオーブンペーパーを敷く。

作り方

1 ボウルに**B**を材料表の上から順に入れ、その都度シリコンベラでよく混ぜる。**A**を合わせてふるい入れ、オートミールも加え、練らないように混ぜる。クルミとグリーンレーズンも加える。

2 6等分にしてそれぞれ丸めたら天板にのせ、直径8cmに広げる。その際、中央を少しへこませるようにすると、きれいな形に焼き上がる。数cmの間隔を空けて並べる。

3 180℃のオーブンで18分ほど、全体に香ばしい焼き色がつくまで焼く。天板で数分落ち着かせてから、網に取り、冷ます。

✤ Storing ✤
● 常温…密閉容器に入れて4〜5日。
● 冷凍…保存袋に入れて3週間ほど。冷凍庫から出してすぐ、解凍せずに食べられる。

✤ Point ✤
● オートミールは大粒のものを使うと、かたくて食べにくいので注意。

ドライクランベリーの
パッケージレシピが全米に広がって

サクサク

オートミール、クランベリー、ホワイトチョコレートのチャンククッキー

　オートミールとクランベリー、ホワイトチョコレートが入るクッキーは、アメリカでは定番のホームメイドクッキーです。
　私はこのクッキーが大好きなので、それぞれの家庭のレシピを教わりたくていろいろな人にたずねたのですが、なんと全部そっくり同じ。実はどの家庭でも、アメリカではおなじみのドライクランベリー「クレイズン」のメーカー、オーシャンスプレイ社が公開しているレシピを使っていました。
　アメリカではその土地ごとの郷土菓子があると同時に、どこで食べても同じお菓子ということが少なからずあるのですが、それには、全米で市販される材料のパッケージレシピが大いに影響しているようです。
　アメリカのパッケージに載るレシピはよくできているものが多く、お菓子作りの初心者でも、ちょっとくらい分量が違っていても、材料がきちんと揃わなくても、それらしく仕上がるものがほとんどで、私も長年お世話になっている愛すべきパッケージレシピがいくつもあります。

こちらで紹介するのは、元祖のパッケージレシピそのままではなく、
バターの代わりに植物油を使用したり、甘さを控えて粉を増やしたりと、
だいぶ私の好みに変えたものです。

材料（直径4cm26個分）

- **A**
  - 薄力粉…80g
  - ベーキングパウダー…小さじ1/4
  - シナモンパウダー…小さじ1/4
- **B**
  - 卵…M玉1個
  - ブラウンシュガー（またはキビ砂糖）…40g
  - 植物油（太白ゴマ油など）…40g
  - バニラオイル…少々
- **C**
  - オートミール…50g
  - クランベリー…50g
  - クルミ（またはピーカンナッツ／ローストして、粗く刻む）…50g
  - ホワイトチョコレート（1.5cm角に割る）…40g

下準備

- オーブンは180℃に予熱。
- 天板にオーブンペーパーを敷く。
- クランベリーは熱湯で1分茹でてザルにあげ、キッチンペーパーで水切りする。

作り方

1. ボウルに**B**を入れ、ホイッパーで混ぜる。**A**を合わせてふるい入れ、シリコンベラで混ぜる。全体が混ざりきる直前に、**C**を加えて混ぜる。
2. 天板にアイスクリームディッシャー（またはスプーン2本）を使って26等分にしてすくい落とす。
3. 180℃のオーブンで17〜18分焼く。網に取り、冷ます。

Oatmeal Cranberry White Chocolate Chunk Cookies

✢ Storing ✢

- 常温…密閉容器に入れて4〜5日。
- 冷凍…保存袋に入れて3週間ほど。冷凍庫から出してすぐ、解凍せずに食べられる。

✢ Point ✢

- オートミールは大粒でも小粒でも大丈夫。
- クランベリーの代わりに、レーズンを使ってもいい。

ポテトチップクッキー

サクサク

砕いたポテトチップと
ショートブレッド生地を混ぜる
ユニークなおやつ

　食べるとどこかほっとするポテトチップ。
　メアリー・ランドルフ夫人による1824年の著作"The Virginia Housewife（ヴァージニアの主婦）〈p.71参照〉"には、「スライスしたジャガイモの揚げ方（To Fry Sliced Potatoes）」として、薄くスライスしたジャガイモをカリカリに揚げるレシピが載っていますが、「ポテトチップ」という言葉は、ニューヨーク州サラトガ・スプリングズのレストラン「ムーンズレイク ハウス（Moons Lake House）」の料理人が、フライドポテトが厚すぎるとして何度も揚げ直しをさせる客にうんざりした挙句、薄切りのチップスを作ったのが始まりとされています。
　そして、ポテトチップの人気がさらに高まった第二次世界大戦を経て、「ポテトチップクッキー」が登場しました。
　砕いたポテトチップをショートブレッド生地に混ぜただけの、とてもシンプルなクッキーですが、バターの香りと塩分、ポテトチップの香ばしさがよく合います。
　仕上げにブラックのチョコレートをかけてもおいしいのですが、ポテトチップの風味を堪能するならホワイトチョコレートがけにするか、シンプルに粉砂糖をたっぷりまぶして食べるのがおすすめです。

たぶんご想像よりもずっとおいしく、クセになってしまうかも。
ポテトチップ同様に食べ始めたら止まらないおいしさで、
私の周りでは絶品との誉(ほま)れが高いクッキーです。

Potato Chip Cookies

材料（直径6cm12枚分）

A	薄力粉 …100g
	塩 …多めのひとつまみ

バター（食塩不使用/室温）…50g
グラニュー糖 …40g
バニラオイル …少々
ポテトチップ（塩味/ポリ袋に入れ、粗く砕く）…40g

仕上げ

粉砂糖 …適宜
ホワイトチョコレート（コーティング用）…適宜

下準備

・オーブンは180℃に予熱。
・天板にオーブンペーパーを敷く。

作り方

1 ボウルにバターを入れ、シリコンベラでよく練る。グラニュー糖も加え、さらに練る。バニラオイルも加える。Aを合わせてふるい入れ、カードで練らないように混ぜる。ポテトチップも加え、手でひとつにまとめる。水分が入らないのでまとまりにくいが、練らないように気をつける。

2 12等分にしてそれぞれ丸めたら天板にのせ、手のひらでそっと押し潰して直径5.5cmに広げる。

3 180℃のオーブンで12分ほど、表面に香ばしい焼き色がつくまで焼く。網に取り、冷ます。

4 完全に冷めたら、粉砂糖を入れたポリ袋に入れてたっぷりまぶす。または溶かしたコーティング用のホワイトチョコレートをかけてかためる。

✛ Storing ✛

- 常温…密閉容器に入れて4〜5日。
- 冷凍…粉砂糖をまぶさず、チョコレートがけをしない状態で、保存袋に入れて3週間ほど。
  冷凍庫から出してすぐ、解凍せずに食べられる。

✛ Point ✛

- ポテトチップは厚めでも薄めでも大丈夫。
- うす塩のポテトチップを使う場合は、塩を多めに加える。
- ホワイトチョコレートはテンパリング不要のコーティング用を使用。

がんばらなくても作れる、忙しい人にも身近なお菓子

材料2つのココナッツマカロン

カリカリ
ねっちり

　冷蔵技術が未熟だった時代には、新鮮で安全なミルクは、いつでもどこでも手に入る代物ではありませんでした。1850年代に保存の利く缶入りの画期的なミルク「コンデンスミルク」が商品化され、南北戦争時に軍用食としても使われて、その後はアメリカ全土に広まりました。

　以来コンデンスミルクは、「キーライムパイ」「ハロードーリークッキーバー（p.122参照）」など、お菓子作りの材料としても欠かせません。

　この「材料2つのココナッツマカロン」もそのひとつで、ココナッツにコンデンスミルクを絡めて焼くだけで、「ココナッツマカロン」の親戚のような、カリカリねっちりとした風味豊かなクッキーが焼き上がります。

　アメリカには、こんなふうにがんばらずに作れるお菓子がたくさんあるので、忙しい毎日を送る人にも、手作りのお菓子は思いのほか身近な存在です。

本来はココナッツとコンデンスミルクだけの、
材料2つのレシピで、そのままでも十分おいしいのですが、
今回はバニラで香りづけしてチェリーを飾りました。

材料（直径3cm12個分）

コンデンスミルク(加糖練乳)…50g
ココナッツファイン…40g
バニラオイル…数滴

仕上げ

ドレンチェリー（赤／半分に切る）…3個

下準備

・オーブンは150℃に予熱。
・天板にオーブンペーパーを敷く。

作り方

1. 小さなボウルにココナッツファインを入れ、コンデンスミルクとバニラオイルも加えて、小さなスプーンで混ぜる。
2. 天板に12等分にしてのせ、指先に少量の水をつけながら、押しかためずにふんわり形を整える。12個のうち6個にはドレンチェリーをトッピングする。
3. 150℃のオーブンで14分ほど、全体が色づくまで焼く。網に取り、冷ます。

✢ Storing ✢

・冷蔵…密閉容器に入れて数日。

✢ Point ✢

・バニラオイルの代わりに、レモンの皮のすりおろし少々を加えてもいい。
・できれば保存はせず、その日のうちに食べるのがおすすめ。

2 Ingredient Coconut Macaroons

クラッカーパイクッキー

サクサク

　そもそもクラッカーは、日持ちのよさから船旅用の食糧としてアメリカへやってきたものです。

　クラッカーには、チーズをのせて食べるシンプルな「ソルティン」や「ソーダクラッカー」、ほんのり甘い「グラハムクラッカー」などを始め、たくさんの種類がありますが、基本的には油脂や砂糖、卵がほとんど使われない経済的な食べものです。

　そのため、物資が不足した時代に、砕いてりんごに見立てて「まがいものアップルパイ」を作ったり、粉々にしてメレンゲにたっぷり混ぜ込みパイ皿に流して焼く「クラッカーパイ」が作られたりしました。まさにこのクッキーはクラッカーパイのミニチュア版のようなイメージです。

物資が不足していた時代、市販のクラッカーを混ぜて焼いたクッキー

Cracker Pie Cookies

私の好みで砂糖を控えてカリッと焼き上げていますが、
ねっとりとした食感がお好きな方は、砂糖を増やして
表面に香ばしい焼き色がついたところで取り出してください。

材料（直径3cm16個分）

卵白（室温）…M玉1個分（約35g）

粉砂糖…30g

バニラオイル…少々

クラッカー（ポリ袋に入れ、細かく砕く）…40g

ピーカンナッツ
　（またはヘーゼルナッツ/ローストして、粗く刻む）、
　または両方を適宜ミックス…40g

下準備

・オーブンは150℃に予熱。
・天板にオーブンペーパーを敷く。

作り方

1 油分も水分もついていないボウルに卵白を入れてホイッパーで溶きほぐし、角が立つまで泡立てる。粉砂糖を数回に分けて加え、その都度角が立つまで泡立てる。バニラオイルを加える。クラッカーとピーカンナッツを加え、シリコンベラで泡を潰さないように混ぜる。

2 天板にスプーン2本を使って16等分にしてのせる。

3 150℃のオーブンで20分ほど、140℃に下げて15分ほど、120℃に下げてさらに15分ほど焼く。スイッチを切ったら、オーブンの扉を閉じた状態で20分おいてしっかりと乾燥させる。機種により多少時間は前後するので、数回試して。

✢ Storing ✢

・常温…密閉容器に入れて5日〜1週間。
・冷凍…保存袋に入れて1か月ほど。
　冷凍庫から出してすぐ、解凍せずに食べられる。

✢ Point ✢

・今回はクラッカーにナビスコの「リッツ」を使用したが、クッキーやグラハムクラッカーでも作れる。

ビリーゴーツクッキー
雄ヤギのクッキー

サクサク しっとり

アメリカ中西部カンザス州の
クリスマスの郷土菓子

「ビリーゴーツ（Billy Goats：雄ヤギ）」と呼ばれる、サワークリームとデーツが入るしっとりとしたクッキー。「カンザスクッキー」とも言われ、牧畜が盛んなアメリカ中西部で人気のクッキーです。

全米で知られているわけではないこのクッキーと出合ったのはどこだったのか、はっきり覚えていないのですが、たぶんカンザス州に移り住んだ私のアメリカのお母さん・セルマを訪ねて、あの辺りを旅した際でしょう。

おもしろい名前の由来には、見た目がゴツゴツした様子が山羊みたいだからとか、窓際で冷ましていたクッキーを山羊がつまみ食いしたからだとか諸説ありますが、定かではありません。

本来はモラセスを加えますが、ブラウンシュガーで代用しています。ブラウンシュガーが手に入らないときは、精製度の高くない風味豊かな砂糖を使いましょう。

Billy Goats Cookies

材料（直径4cm36個分）

A
- 薄力粉 …80g
- ベーキングパウダー …小さじ1/3
- 重曹 …小さじ1/4
- オールスパイス …小さじ1/2
- ナツメグパウダー …ふたつまみ
- 塩 …ひとつまみ

- バター(食塩不使用／室温) …50g
- ブラウンシュガー(またはキビ砂糖) …50g
- 卵(室温) …M玉1個
- サワークリーム …50g
- ドライデーツ(細かく刻む) …180g
- クルミ(ローストして、粗く刻む) …100g

下準備
・オーブンは180℃に予熱。
・天板にオーブンペーパーを敷く。

デーツがたっぷり入るビリーゴーツは小さなフルーツケーキのようでもあり、クリスマスのクッキーとしても知られます。焼きたてはさっくりふんわりしていますが、冷めるとサクサクしっとりします。

作り方

1 ボウルにバターを入れ、ホイッパーで混ぜる。ブラウンシュガーも加え、さらに混ぜる。溶いた卵を少しずつ加える。**A**を合わせて半量をふるい入れ、シリコンベラで混ぜる。サワークリームを加え、混ぜる。残りの**A**をふるい入れ、ドライデーツとクルミを加え、混ぜる。

2 天板にアイスクリームディッシャー（またはスプーン2本）を使って36等分にしてすくい落とす。

3 180℃のオーブンで15分ほど焼く。網に取り、冷ます。

✢ Storing ✢
- 常温…密閉容器に入れて数日。夏場は常温より冷蔵がおすすめ。
- 冷凍…保存袋に入れて3週間ほど。冷凍庫から出してすぐ、解凍せずに食べられる。

✢ Point ✢
- 重曹の計量を間違えたり、粉にしっかり混ざらなかったりすると、苦味が出やすいので注意。心配な場合、重曹は少なめでいい。
- 焼きすぎるとバサつくので注意。
- サワークリームの代わりに、同量の水切りヨーグルトを使ってもいい。

●水切りヨーグルトを使う場合 コーヒーフィルターなどにプレーンヨーグルトを入れ、水を切った後に計量する。ブランドにより水分量が異なるが、目安は100g強のプレーンヨーグルトを50gになるまで水切りしたものを使う。

ニューヨークから全米に広がった、シンボリックな和合のクッキー

ふんわり

ブラック＆ホワイトクッキー

　ふんわりしっとりとしたケーキ生地を薄く広げて焼き、バニラとチョコレートのアイシングを塗る「ブラック＆ホワイトクッキー」は、一説にはニューヨークのドイツ系移民の町だったヨークビルの「グレイザーズ ベイクショップ（Glaser's Bake Shop）」が発祥とされます。

　残念ながら、お店は2018年に116年の歴史に幕を閉じ、伝統の味は失われてしまいましたが、クッキーはニューヨークから全米へ広がり愛されています。

　市販のものはパサついていたり、風味が感じられなかったりするものが多いので、手作りするのがおすすめ。まだおいしいブラック＆ホワイトクッキーに出合っていない方は、ぜひお試しください。

　白と黒が美しいコントラストをなすこのクッキーは、バラク・オバマ元大統領が「和合のクッキー（Unity Cookie）」と呼んだことでも知られます。

Black and White Cookies

材料（直径8cm6枚分）

A	薄力粉 …90g
	ベーキングパウダー …小さじ1/2

バター（食塩不使用／室温）…40g
グラニュー糖 …30g
卵（室温）…M玉1個
バニラオイル …少々
レモンの皮（すりおろす）…小1個分
牛乳（室温）…30g

●バニラアイシング

バター（食塩不使用）…10g
ヨーグルト（プレーン／室温）…10g
粉砂糖（だまがあればふるう）…50g

●チョコレートアイシング

牛乳 …15g
チョコレート（カカオ分60％／刻む）…15g
粉砂糖（だまがあればふるう）…50g

下準備
・オーブンは180℃に予熱。
・天板にオーブンペーパーを敷く。

爽やかなレモンの香りが
ほんのり漂うケーキ生地と、
マイルドな甘さのバニラと
チョコレートのアイシングが絶妙なバランス！
と自負している、とっておきのレシピです。

作り方

1 ボウルにバターを入れ、ホイッパーで練る。グラニュー糖を加え、さらに練る。溶いた卵を少しずつ加える。バニラオイルとレモンの皮を加える。**A**を合わせて半量をふるい入れ、シリコンベラで練らないように混ぜる。牛乳を加え、残りの**A**をふるい入れ、混ぜる。

2 天板にアイスクリームディッシャー（またはスプーン2本）を使って6等分にしてのせ、指先に少量の水をつけながら、直径7cmに広げる。その際、中央を少しへこませるようにすると、きれいな円に焼き上がる。

3 180℃のオーブンで10〜12分、焼き色がつくまで焼く。逆さまにして網に取り、冷ます。

4 ●バニラアイシング
小さなボウルにバターを入れて湯せん（沸騰後に火を止めた直後の湯）で溶かし、ヨーグルト、粉砂糖を加えて混ざったら湯せんから外し、つややかになるまでよく練る。クッキーの裏面半分にパレットナイフで塗り、余分は指で払う。

●チョコレートアイシング
小さなボウルに牛乳を入れて湯せんで温め、チョコレートを加えて溶かす。粉砂糖を加えて混ざったら湯せんから外し、つややかになるまでよく練る。残り半分にパレットナイフで塗る。

✢ Storing ✢
- 常温…アイシングを塗らない状態で、ラップでぴっちり包んで密閉容器に入れて数日。
- 冷凍…アイシングを塗らない状態で、保存袋に入れて3週間ほど。冷蔵庫でゆっくり解凍してから、アイシングを塗る。

✢ Point ✢
- 焼きすぎるとパサつくので注意。
- チョコレートアイシングはかたまりやすいので、適宜湯せんにかけながら手早く塗る。
- アイシングを塗った後は、その日のうちに食べるのがおすすめ。

クライベイビークッキー
泣き虫のクッキー

しっとり

「泣き虫（Cry Baby）」と名づけられた古風なモラセスのクッキーは、18世紀半ば頃から食べられてきたアーミッシュのお菓子としても知られ、泣き虫をなだめるくらいおいしいから、その名前になったともいわれます。また、物資が不足した「戦時のクッキー」としても知られます。

今食べてみると実に何気ない素朴な味ですが、ジンジャーブレッドなどを作った後にモラセスが残ると、ふと、「食べたいな、作ろうかな」という気持ちになります。焼きっぱなしのもの、アイシングをかけたものなど、仕上げ方にもいろいろありますが、私が高校時代を過ごしたイリノイ州では、クリームチーズフロスティングで仕上げたものに出合いました。

「キャロットケーキクッキー（p.102参照）」の「パイナップルクリームチーズフロスティング」を塗ってもおいしいです。

250年以上前から受け継がれる、アーミッシュの質素なお菓子

Cry Baby Cookies

卵やバターを使うこともありますが、ない方が雰囲気は出ます。
また、チョコレートやレーズンを加えることもありますが、
私は潔く何も加えず、モラセスとスパイスの風味だけを楽しむのがお気に入りです。

材料（直径4cm12個分）

A
- 薄力粉 …80g
- 重曹 …小さじ1/4
- シナモンパウダー …小さじ1/4
- ジンジャーパウダー …小さじ1/8
- クローヴパウダー …小さじ1/8

B
- 植物油(太白ゴマ油、ココナッツ油など) …15g
- モラセス …30g
- はちみつ …20g

牛乳(室温) …30g

好みで仕上げ（12個分）

- クリームチーズ …50g
- 粉砂糖 …10g
- クルミ …12片

下準備

- オーブンは190℃に予熱。
- 天板にオーブンペーパーを敷く。

作り方

1. ボウルに**B**を入れ、シリコンベラで混ぜる。牛乳も加える。**A**を合わせてふるい入れ、練らないように混ぜる。
2. 天板にアイスクリームディッシャー（またはスプーン2本）を使って12等分にしてすくい落とす。
3. 190℃のオーブンで5分ほど、180℃に下げてさらに5分ほど焼く。網に取り、冷ます。
4. 好みでクリームチーズに粉砂糖を混ぜたものを塗り、クルミをのせる。

✢ Storing ✢

- 常温…クリームチーズを塗らない状態で、密閉容器に入れて数日。
- 冷凍…クリームチーズを塗らない状態で、保存袋に入れて3週間ほど。冷凍庫から出して数分おくと、食べやすいかたさになる。

✢ Point ✢

- 重曹の計量を間違えたり、粉にしっかり混ざらなかったりすると、苦味が出やすいので注意。心配な場合、重曹は少なめでいい。
- 焼きすぎるとパサつくので注意。

サウスカロライナ州チャールストン名物、極薄のゴマクッキー

ベーニウェイファー　パリパリ

　「ウェイファーズまたはウェハース（wafers）」とは、日本でおなじみの、アイスクリームに添えられるレトロな格子模様のふんわりサクサククッキーだけではありません。アメリカでは、南部のデザート、バナナプディングに欠かせない「ニラ ウェイファーズ（Nilla Wafers）」のような、とても薄い、または軽いサクサクのクッキーや、170年以上愛されている円盤状の薄いキャンディ「ネッコ ウェイファーズ（Necco Wafers）」なども指し、日本語のそれよりも広い意味をもつ言葉です。

　奴隷貿易の時代にアフリカから伝わった「ベーニ（Benne：ゴマ）」をたっぷり使うベーニウェイファーは、サウスカロライナ州チャールストンの名物として知られる南部のクッキーで、お土産としても大人気。つまみあげて陽にかざすと、キラキラと透けて見えるほどの薄さです。

　ブラウンシュガーを使うと本来のこっくりとしたバタースコッチ風味になりますが、グラニュー糖を使った軽やかな風味も捨てがたい。とても簡単にできるので、両方作って食べ比べるのも楽しいものです。

材料（直径6cm 18枚分）

A	薄力粉 …20g
	塩 …小さじ1/8
白いりゴマ …30g	
B	植物油（太白ゴマ油など）…20g
	グラニュー糖（またはブラウンシュガー）…20g
	はちみつ …20g
バニラオイル …少々	

下準備
・オーブンは150℃に予熱。
・天板にオーブンペーパーを敷く。

✦ Storing ✦
- 常温…密閉容器に乾燥剤とともに入れて4～5日。
- 冷凍…保存袋に入れて3週間ほど。
  冷凍庫から出したら、すぐに食べる。解凍すると湿気やすいので注意。

✦ Point ✦
- 焦げやすいので、様子を見ながら焼く。

アメリカでは卵とバターを
たっぷり使うレシピが多いけれど、
私の場合、卵は使わず、
バターの代わりに植物油を使います。
そして、甘味をおさえて
少しあっさりと仕上げます。

作り方

1 ボウルに**B**を入れ、湯せんにかけて溶かす。バニラオイルも加える。冷めたら**A**を合わせてふるい入れ、シリコンベラで混ぜる。白いりゴマも加える。

2 天板に18等分にしてのせ、指先で直径4cmに広げる。その際、緩やかなすり鉢状にすると、きれいな形に焼き上がる。焼くと大きく広がるので、数cmの間隔を空けて並べる。

3 150℃のオーブンで16分ほど焼く。オーブンから取り出し、天板にのせたまま冷ます。

Benne Wafers

Column 1

片手ですくって、ポンと落とすだけ

便利なアイスクリームスクープ

　アメリカでクッキーと聞いて多くの人が想像するのは、生地をすくい落として焼く「ドロップクッキー」でしょう。型抜きできないほどやわらかい生地は、かつてケーキの試し生地や残り生地を焼いたものともされるクッキーの、原初のイメージにぴったり。まさにクッキーの語源「小さなケーキ」という感じです。

　1レシピで何十枚ものクッキーができ上がるのが当たり前のお国柄。スプーンを2本使って天板にポトンポトンとクッキー種を落とすなんて悠長なことはしていられないので、たいてい「アイスクリームスクープ（ディッシャー）」や「クッキースクープ」と呼ばれる道具を使います。ちなみに、アメリカではスクープ、日本ではディッシャーと呼ぶのが一般的。なので、本書のレシピでは「アイスクリームディッシャー」で統一しました。これを使えば、片手ですくってポンと天板に落とすだけ。同じ大きさのクッキーが、あっという間にでき上がる快感を味わってしまうと、もうスプーンには戻れません。

　かたく冷えたアイスクリームにはスライダーのない頑丈なタイプが向きますが、やわらかいクッキー生地には半球の内側にスライダーがあり、グリップをシャカシャカ動かすと生地をくるりと押し出してくれるタイプが向きます。

　スクープにはサイズがいくつもあり、また、アイスクリームやクッキー生地をすくうだけでなく、果肉をくり抜いたり、ミートボールを作ったりと用途も多彩。私は「小さなクッキー用」「大きなクッキーやアメリカンスタイルのビスケット用」「マフィンを型に入れる用」など、サイズ違いで数種類を揃えています。

成形クッキーと型抜きクッキー

丸や三角、三日月形を手で成形したり、
ひと手間かけて好きな型で抜いたり

　私が初めて作ったクッキーは、幼稚園児のときに本で見た「型抜きクッキー」でした。母にせがんで何度も作らせてもらい、母がのばした生地をアヒルやハートのかわいらしい型で抜いた楽しい記憶は、今でもしっかり残っています。

　生地をのばして型で抜く型抜きクッキーは、バラエティーに富む抜き型を使えるおもしろさがありますが、ドロップクッキーと比べてしまうと、手間といえば手間。アメリカでは、クリスマスの「ジンジャーブレッドクッキー（p.40参照）」や、アイシングで好きに飾る「シュガークッキー（p.47参照）」のように、少し特別なときに作ります。

　対して、自分の手が道具代わりの「成形クッキー」は、とても手軽。丸めてシナモンシュガーをまぶして焼くだけの、ごく日常的な国民的おやつ「スニッカードゥードル風マヨネーズクッキー（p.46参照）」はその代表です。

Merry Christmas

スパイスの複雑な香りや柑橘の控えめな爽やかさが、まさにクリスマス！

Pfeffernüsse
ペパーナッツ

recipe — p.38

カリカリ
ふかふか

Pecan Tassies
ペカンタッシーズ
recipe — p.39

サクサク
しっとり

アメリカ南部で
ホリデーシーズンに食べられる
心躍るクッキー

ペパーナッツ

もともとはナッツそのものが
このお菓子の前身ともいわれ、
「peppernuts＝ペッパーナッツ」
とも綴られます。
それゆえ胡椒やナッツ入りを
想像されますが、
どちらも入らないことがほとんど。
今回は白胡椒を加えていますが、
アニスシードに代えても
おいしく作れます。

油脂がほとんど（もしくはまったく）入らない、スパイスクッキーです。サンタクロースのモデル、聖者シンタクラースからの贈りものとしても知られる焼き菓子に由来するようで、アメリカにはドイツやオランダから伝わったのでしょう。

ひも状にのばした生地をタン、タン、タンと切っていく様子がほかのアメリカのクッキーにはない感じで好きでしたが、あまりに素朴なためか、この存在をすっかり忘れていました。それが、少し前にアメリカの友人から譲り受けた、ペンシルヴェニアダッチの古いコミュニティクックブックに久しぶりにこのクッキーの名前を見つけ、懐かしくなって焼いてみると、アメリカンクッキーにはなかなかない、豆粒のような小ささも改めて新鮮に思えます。

焼きたてよりも数日おいて、スパイスや生地が落ちついたら食べ頃です。

材料（長さ2.5cm 約60個分）

A
- 薄力粉 …120g
- 重曹 …小さじ1/4
- シナモンパウダー …小さじ1/2
- オールスパイス …小さじ1/3
- カルダモンパウダー …小さじ1/4
- 白胡椒（細かくひいたもの） …小さじ1/6

卵 …M玉1個
ブラウンシュガー（またはキビ砂糖） …50g
レモンの皮の砂糖漬け（レモンピール／みじん切り、
またはオレンジピール／みじん切り） …30g

仕上げ
粉砂糖 …45g
ピンクペッパー（指先で粗く潰す） …適宜

下準備
・オーブンは180℃に予熱。
・天板にオーブンペーパーを敷く。
・レモンの皮の砂糖漬けは、
　キッチンペーパーで
　シロップをしっかりふき取る。

作り方

1 ボウルに卵を入れて溶き、ブラウンシュガーを加える。**A**を合わせてふるい入れ、レモンの皮の砂糖漬けも加え、カードで切るようにして混ぜる。

2 作業しやすいように4等分にし、手粉の強力粉（分量外。ベタつく生地なので、やや多めでいい）を使いながら、それぞれ丸めてから太さ1cmのひも状にのばす。手粉を使いながら、長さ2.5cmに切る。天板にのせる。

3 180℃のオーブンで15分ほど、表面をはじいて乾いた音がするまで焼く。網に取り、冷ます。焼き上がりは中がやわらかいけれど、冷めるとかたくなる。

4 完全に冷めたら、粉砂糖をまぶし、ピンクペッパーをちらす。

✛ Storing ✛
- 常温…密閉容器に入れて5日〜1週間。
- 冷凍…保存袋に入れて1か月ほど。
冷凍庫から出してすぐ、解凍せずに食べられる。

✛ Point ✛
- 切る際には、定規を使って。
- 仕上げでは、粉砂糖45gとブランデー小さじ1と1/2をよく練り混ぜたアイシングを塗り、ピンクペッパーをちらしてもいい。

ペカンタッシーズ

タルトタンパーがあれば、
それこそあっという間に
生地が敷き込めますが、
なくても指を使えば大丈夫です。
簡単にマフィン型に敷き込めるので、
めん棒の出番はありません。

「タッシー（tassie：小杯）」と名づけられた、ミニチュアのピーカンパイのような焼き菓子で、ピーカンパイよりもずっと手軽に気軽に作れます。

ピーカンパイ同様に、フランスの影響を色濃く受けるアメリカ南部のニューオーリンズ発祥とも、「tassie」がスコットランドの言葉（フランス語では「tasse」）なので、スコットランドにルーツがあるとも言われます。

私が知ったのも、クリスマスシーズンにニューオーリンズとその周辺を車で訪ねたときでした。アメリカ南部には、歴史を色濃く伝える食べものや、ほかの地域ではあまり食べられていないユニークなものがたくさんあり、心躍ります。

材料（直径5cmのミニマフィン型12個分）

- **A** 薄力粉…60g
  塩…多めのひとつまみ
- バター（食塩不使用／室温）…40g
- クリームチーズ（室温）…35g

●フィリング
- バター（食塩不使用）…10g
- **B** 卵（室温）…M玉1個
  ブラウンシュガー（またはキビ砂糖）…30g
  メープルシロップ…40g
  バーボン…大さじ1
  塩…小さじ1/8
  バニラオイル…少々
- ピーカンナッツ（ローストして、粗く刻む）…60g

好みで仕上げ
- チョコレート…適量

下準備
・オーブンは180℃に予熱。

作り方

1. ボウルにバターを入れ、シリコンベラで練る。クリームチーズを加え、さらになめらかになるまで練る。**A**を合わせてふるい入れ、練らないように混ぜる。ラップに包んで平らにし、冷蔵庫で1時間ほど休ませる。

2. 12等分にしてそれぞれ丸め、ミニマフィン型に入れる。タルトタンパーや指先を使って、型の内側に生地を広げる。型の上にラップを貼りつけ、冷蔵庫に入れる。

3. ●フィリング
別のボウルにバターを入れ、湯せんにかけて溶かし、**B**を加え、ホイッパーで混ぜる。

4. **2**を取り出し、ピーカンナッツを12等分にして底に詰め、**3**のフィリングをあふれないように入れる。すべて入りきらないこともある。

5. 180℃のオーブンで25～30分、生地に香ばしい焼き色がつくまで焼く。途中焦げそうになったら170℃に下げる。粗熱が取れたら型から外し、網に取り、冷ます。

6. 完全に冷めたら、好みで溶かしたチョコレートをかける。

✣ Storing ✣
- 常温…密閉容器に入れて数日。
- 冷凍…保存袋に入れて3週間ほど。オーブンで温めて食べる。

✣ Point ✣
- タルトタンパーは、ラップを貼りつけるとくっつかない。
- 生地を同じ厚さに広げることで、均一に火が通る。
- 型から外しにくいときは、竹串を使うといい。

Gingerbread Cookies
ジンジャーブレッドクッキー

カリカリ しっとり

ジンジャーブレッドと相性のよい、レモンを利かせたアイシングでお絵書き

　砂糖をふんだんに使うクッキーは、もともとは贅沢なお楽しみでした。そんななか、少量の油脂と安価な甘味料モラセスを使う「ジンジャーブレッド」は、比較的経済的で味もよく、さらに作るのもとっても簡単。古くからアメリカで愛されてきたのも納得です。ヨーロッパからの入植者によりアメリカに伝わり、アメリカ人による初めてのクックブックAmelia Simmons（アミーリア・シモンズ）の"American Cookery（アメリカ料理）〈p.68参照〉"にも、いくつものレシピが載っています。

　ジンジャーブレッドは大きくケーキタイプ（右下の写真）とクッキータイプに分かれ、温かいケーキタイプにレモンソースを添えたものは、デザートだけではなく、風邪のひきはじめや朝ごはんにもうれしい冬の楽しみ。紹介するようなクッキータイプは頑丈で日持ちもよいので、クリスマスツリーのオーナメントや、ジンジャーブレッドハウスにも使われてきました。

重曹と反応させるために
伝統的に加えるりんご酢のおかげで粘りが出ず、
扱いやすい生地なので、ぜひ気軽に挑戦してください。

材料（大きなジンジャーブレッドクッキー6枚＋味見用）

A 薄力粉 …120g
　 重曹 …小さじ1/3
　 ジンジャーパウダー …小さじ1/2
　 オールスパイス …小さじ1/4
　 クローヴパウダー …小さじ1/8
　 ナツメグパウダー …小さじ1/8
　　（省略可。その場合はオールスパイスを
　　　小さじ1/2に増やす）

バター（食塩不使用）…20g

B 粗製糖 …20g
　 モラセス …30g
　 はちみつ …20g

りんご酢 …20g

●レモンアイシング
粉砂糖 …45g
レモン果汁 …小さじ1と1/2程度

仕上げ
ピンクペッパー …適宜

下準備
・オーブンは160℃に予熱。
・天板にオーブンペーパーを敷く。

作り方

1 ボウルにバターを入れ、湯せんにかけて溶かす。Bを加え、シリコンベラで混ぜる。りんご酢を加える。Aを合わせてふるい入れ、混ぜる。ラップに包んで平らにし、冷蔵庫で1時間以上休ませる。

2 手粉の強力粉（分量外）を使いながら、厚さ5mmにのばし、好みの型で抜く。余った生地は、もう一度のばして抜く。さらに余った生地はかたすぎるので、味見用にする。天板にのせる。

3 160℃のオーブンで16分ほど、周囲に香ばしい焼き色がつき、中央は少しやわらかさが残る程度まで焼く。網に取り、冷ます。

4 ●レモンアイシング
小さなボウルに粉砂糖とレモン果汁を入れ、つややかになるまでよく練る。完全に冷めたら、小さな絞り袋に入れ、クッキーに絵を描き、ピンクペッパーを飾る。

✢ Storing ✢

● 常温…密閉容器に入れて夏場は4〜5日、冬場は5日〜1週間。
● 冷凍…アイシングをかけない状態で、保存袋に入れて3週間ほど。冷凍庫から出して10分ほどおくと、食べやすいかたさになる。

✢ Point ✢

● ショウガの風味をしっかり利かせたいときは、ジンジャーパウダーを省き、代わりにりんご酢とともに生ショウガのすりおろし小さじ1/2を加えてもいい。
● クローヴパウダーとナツメグパウダーは省略可。その場合は、オールスパイスの分量を倍の小さじ1/2に増やす。
● 今回は、味見用の生地は13gずつに丸めてから長さ18cmのひも状にのばし、くるくるとねじった。

アニスが香る、イタリア由来のお祝い事のクッキー

サクサク
ほろほろ

Italian Sprinkle Cookies
イタリアンスプリンクルクッキー

recipe — p.44

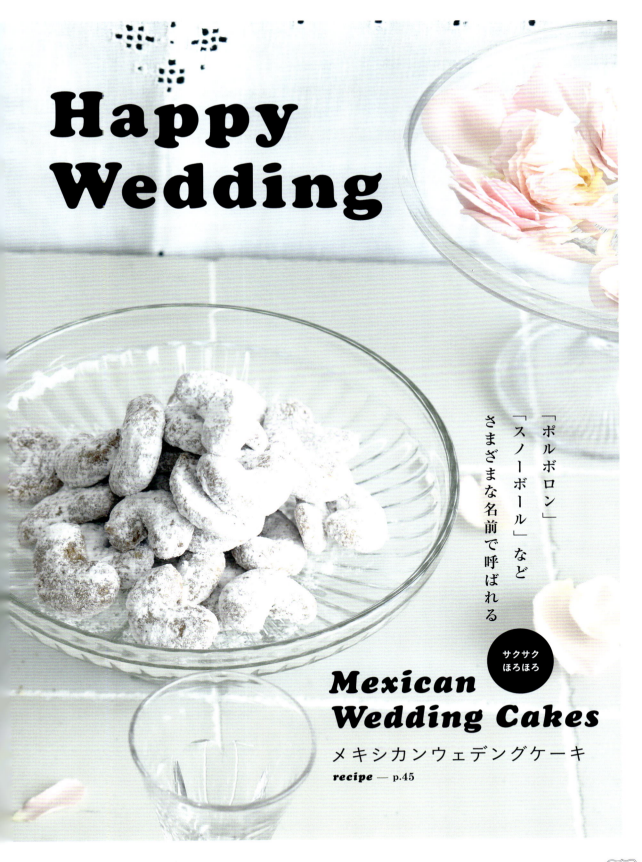

Happy Wedding

「ポルボロン」「スノーボール」などさまざまな名前で呼ばれる

サクサク
ほろほろ

Mexican Wedding Cakes
メキシカンウェデングケーキ
recipe — p.45

イタリアン スプリンクルクッキー

スコーンを思わせる
サクサクほろっとした食感で、
本来はアニスで香りづけしたリキュール、
アニゼットで風味づけしますが、
日本では手に入りにくいので、
アニスシードを潰して使います。

カラフルなトッピングシュガーのスプリンクル（右の写真）が楽しいこのクッキーを初めて食べたのは二十数年前、イタリア系アメリカ人の知人の結婚式でした。結び目とアニスの香りが印象的で、後日もらったレシピには、当日聞いた「スプリンクルクッキー」という名前とは異なる「succarines」と綴られていました。
「代々この名で伝わっているけれど、アメリカでは『イタリアンスプリンクルクッキー』と呼ばれる」とのことで、そのほか「イタリアンアニスクッキー」や「Sクッキー」とも呼ばれ、その名の通りイタリア由来のお祝い事のクッキーです。

材料（長さ6cmのS字形20個分、または長さ7cmのねじり形20個分）

A	薄力粉…120g
	ベーキングパウダー…小さじ1/2
	バター（食塩不使用）…50g
B	グラニュー糖…25g
	アニスシード（すり潰す）…小さじ2/3
	卵…M玉1個

● レモンアイシング
粉砂糖…45g
レモン果汁…小さじ1と1/2程度

仕上げ
スプリンクル（カラーシュガー）…適量

下準備
・オーブンは180℃に予熱。
・天板にオーブンペーパーを敷く。

作り方

1 ボウルにAを合わせてふるい入れ、バターを加えて、カードで5mm角になるまで刻み込む。両手をすり合わせるようにし、サラサラの状態にする。Bを加え、混ぜる。中央にくぼみを作り、溶いた卵を加え、切るようにして混ぜる（ここまでフードプロセッサーでもO.K.）。

2 20等分にし、手粉の強力粉（分量外）を使いながら、それぞれ丸めてからS字やねじるなどして成形する。S字形は12cmのひも状にのばしてS字にし、ねじり形は18cmにのばしてリング状にしてから2回ねじる。天板にのせる。

3 180℃のオーブンで8分ほど、色づいてきたら160℃に下げてさらに17〜18分、底に焼き色がつき、表面をはじいて乾いた音がするまで焼く。網に取り、冷ます。

4 ● レモンアイシング
小さなボウルに粉砂糖とレモン果汁を入れ、つややかになるまでよく練る。完全に冷めたら、薄くつけ、スプリンクルをふる。

✣ *Storing* ✣

- 常温…密閉容器に入れて数日。
- 冷凍…アイシングをかけない状態で、保存袋に入れて3週間ほど。冷凍庫から出して数分おくと、食べやすいかたさになる。

✣ *Point* ✣

- 成型する際、あまり太いと火が通らないので、正確に20等分し、定規で測って必ず12cm以上にのばす。
- レモンアイシングはレモン果汁を小さじ1に減らし、卵白を小さじ1/2加えると、しっかりかたまる。

メキシカン
ウェディングケーキ

私が初めて食べたものは
アニス風味でとても印象深かったので、
以来ずっとそのレシピで作っていますが、
アニスはお好みで省くことができます。
ナッツは完全に粉末状にせず、
少し食感を残すとおいしいです。

ナッツの粉を加えたショートブレッド生地を丸く形作って焼き、粉砂糖をまぶしたクッキーは、アメリカではいろいろな名前で呼ばれます。たとえば舌の上でホロホロとろけるスペイン由来の「ポルボロン」。「ロシアンティーケーキ」や「スノーボール」。バターがたっぷり入る製法通り「バターボール」と呼ばれることもあります。

同様の製法で作る「メキシカンウェディングケーキ」は、中東からスペインを経由し、アメリカ大陸へ持ち込まれたとされ、アメリカ大陸原産のピーカンナッツが使われることが多く、丸や三日月形に作られます。

材料（長さ5cm30個分）

A 薄力粉 …80g

シナモンパウダー …ひとつまみ

ピーカンナッツ（ローストして、細かく刻む）…40g

バター（食塩不使用／室温）…60g

粉砂糖 …20g

バニラオイル …少々

仕上げ

粉砂糖 …適量

アニスシード（すり潰す）…適量

下準備

・オーブンは170℃に予熱。

・天板にオーブンペーパーを敷く。

作り方

1 ボウルにバターを入れ、ホイッパーで練る。粉砂糖を加え、ふんわりするように混ぜる。バニラオイルを加える。**A**を合わせてふるい入れ、ピーカンナッツも加え、シリコンベラで練らないように混ぜる。ラップに包んで平らにし、冷蔵庫で30分ほど休ませる。

2 30等分にしてそれぞれ丸め、三日月形に整える。天板にのせる。

3 170℃のオーブンで5分ほど、160℃に下げてさらに10〜12分、全体にうっすらと香ばしい焼き色がつくまで焼く。網に取り、冷ます。

4 完全に冷めたら、粉砂糖にアニスシードを混ぜたものを全面にたっぷりまぶしつける。

✛ Storing ✛

● 常温…密閉容器に入れて4日〜5日。

● 冷凍…保存袋に入れて3週間ほど。
冷凍庫から出してすぐ、解凍せずに食べられる。
粉砂糖とアニスシードを混ぜたものは、食べる際にふるほうがいい。

✛ Point ✛

● ピーカンナッツの代わりに、同量のクルミを使ってもいい。

Rustic Amish Cookies

Mayonnaise Cookies
スニッカードゥードル風
マヨネーズクッキー
recipe — p.48

サクサク
ほろほろ

アメリカでは、マヨネーズは
焼き菓子の材料としても使われる

Sugar Cookies

サクサク

シュガークッキー

recipe — p.49

特徴がないのが特徴、
とでも言いたくなる
シンプルな定番クッキー

スニッカードゥードル風マヨネーズクッキー

焼き上がりはほのかに
ツンとする香りが残りますが、
冷めるとマヨネーズの風味は消え、
シナモンの香りだけが残ります。
重曹の効果で、軽やかにサクサクほろほろ。
アメリカンクッキーならではの食感です。

冷蔵庫に残ったマヨネーズが、卵と油脂の代わりに使えるなんて！　手軽なうえに経済的でとても合理的。マヨネーズを使う焼き菓子は、チョコレートやバニラのケーキ、ビスケットなどがポピュラーですが、クッキーもおいしく焼けます。

たとえばこんなふうに、アメリカでは定番のシナモン風味のクッキー「スニッカードゥードル」に使うのも人気。

シナモンシュガーをたっぷりまぶしてから焼くスニッカードゥードルは、アメリカの代表的な料理ジェームズ・ビアードの "James Beard's American Cooery（ジェームズ・ビアードのアメリカ料理）" によれば、19世紀半ば〜後半にかけては、「Schneckenoodles」や「Snecke Noodles」と綴られたドイツ由来のクッキーのようで、ドイツ系移民のアーミッシュやメノナイトのクッキーとしても知られます。

材料（直径7cm10個分）

A　薄力粉 …100g
　　　重曹 …小さじ1/4
　　　シナモンパウダー …小さじ1/4
　　　塩 …ひとつまみ

B　マヨネーズ …60g
　　　グラニュー糖 …30g
　　　バニラオイル …少々

仕上げ

グラニュー糖 …25g
シナモンパウダー …小さじ1と1/2

下準備

・オーブンは180℃に予熱。
・天板にオーブンペーパーを敷く。

作り方

1　ボウルに**B**を入れ、シリコンベラで練る。**A**を合わせてふるい入れ、練らないように混ぜる。

2　10等分にしてそれぞれ丸め、手のひらでそっと押す。グラニュー糖とシナモンパウダーを混ぜたシナモンシュガー入りのバットにのせ、全面にたっぷりまぶしつける。天板にのせ、フォークで押すようにして、模様をつけながら、平らに整える。

3　180℃のオーブンで11分ほど、全体に香ばしい焼き色がつくまで焼く。網に取り、冷ます。

✛ Storing ✛

● 常温…密閉容器に入れて5日〜1週間。
● 冷凍…保存袋に入れて3週間ほど。冷凍庫から出してすぐ、解凍せずに食べられる。

✛ Point ✛

● 重曹の計量を間違えたり、粉にしっかり混ざらなかったりすると、苦味が出やすいので注意。心配な場合、重曹は少なめでいい。
● マヨネーズはシンプルなマイルドタイプを使う。

シュガークッキー

粉1カップ（240㎖）にバター1/8ポンド、
砂糖は粉の1/3量、卵半分。
これをベースに、かために焼きたい日は
バター少なめで卵をほんの少し増やし、
バター風味を楽しみたい日は
バター多めで卵白を減らすなど、
ちょっとずつ割合を変えることもできます。

バターに卵、砂糖、粉、それから膨張剤が入る、いかにもアメリカのクッキーという丸くて大きなクッキーのほか、プレーンな味の型抜きクッキーなどもシュガークッキーと呼ばれます。

砂糖をまぶして焼くか、アイシングで仕上げることが多く、クリスマスなどのイベントに引っ張りだこ。トウモロコシの粉コーンミールで焼くシュガークッキーは、特に「コーンクッキー」とも呼ばれます。

どのカフェでも1種類はおいているようなシンプルなシュガークッキーは、18世紀半ばにドイツからペンシルヴェニア州ナザレスへ伝わったものが最も古いタイプのひとつで、「ナザレスシュガークッキー」や「アーミッシュシュガークッキー」とも呼ばれます。

材料（約8枚分）

薄力粉 …120g

バター（食塩不使用／室温）…55g

グラニュー糖 …40g

卵（室温）…M玉1/2個

バニラオイル …少々

●レモンアイシング

粉砂糖 …45g

レモン果汁 …小さじ1と1/2程度

下準備

・オーブンは180℃に予熱。

・天板にオーブンペーパーを敷く。

作り方

1 ボウルにバターを入れ、ホイッパーで練る。グラニュー糖を加え、さらに練る。溶いた卵を加え、すり混ぜる。バニラオイルを加える。薄力粉をふるい入れ、シリコンベラで練らないように大きく混ぜる。ラップに包んで平らにし、冷蔵庫で1時間以上休ませる。

2 手粉の強力粉（分量外）を使いながら、厚さ3mmにのばし、好みの型で抜く。天板にのせる。

3 180℃のオーブンで14〜15分、周囲に香ばしい焼き色がつくまで焼く。網に取り、冷ます。

4 ●レモンアイシング
小さなボウルに粉砂糖とレモン果汁を入れ、つややかになるまでよく練る。完全に冷めたら小さな絞り袋に入れ、絵を描く。

✣ Storing ✣

● 常温…密閉容器に入れて4〜5日。
● 冷凍…アイシングをかけない状態で、保存袋に入れて3週間ほど。冷凍庫から出してすぐ、解凍せずに食べられる。

✣ Point ✣

● ちぎれやすい生地を薄くのばすため、複雑な抜き型は向かない。
● 型抜きをしたら、崩れないようパレットなどで持ち上げ、オーブンペーパーに移すといい。
● 卵1個を使いきりたいときは、すべての材料を2倍にする。

49

We love Italy

ナッツをホールのまま使うので、断面が美しく仕上がる

Egg White Biscotti
卵白で作るナッツたっぷりの
ビスコッティ

recipe — p.52

ガリガリ

Crispy Coconut Macaroons
クリスピーココナッツマカロン
recipe — p.53

アメリカではココナッツを加えた
ココナッツマカロンが定番

ガリガリ

卵白で作る
ナッツたっぷりの
ビスコッティ

ナッツがたっぷり贅沢に入る代わりに、
生地はつなぎ程度にしか
使わないビスコッティです。
油脂が入らず卵白だけで
生地をまとめるので、食感はガリガリ。
薄くスライスしないと、
歯が立たないほどかたくなってしまうので
ご注意ください。

イタリアからの移民がアメリカへ伝えた「ビスコッティ」は、2度（ビス）焼く（コット）の語源通り、2度焼いてしっかりと水分を飛ばすのが特徴です。中でもイタリアで「カントゥッチ」「ビスコッティ ディ プラート」と呼ばれるものが、アメリカのビスコッティのベースとなっています。

アメリカンスタイルのビスコッティは、かたすぎないよう食べやすさのために少し油脂を加えたり、果物や野菜のペーストを使ったり、チョコレートがけをしたりとバラエティー豊かです。

ここでは私の好きな組み合わせをあげましたが、ナッツは好みのもので大丈夫です。ナッツは刻まずにホールのまま生地に加えることで、きれいな切り口になります。

材料（0.5×6cm 約36枚分）

A 薄力粉 …80g
　　ベーキングパウダー …小さじ1/4

グラニュー糖 …40g

卵白 …M玉1個分

B アーモンド …50g
　　ヘーゼルナッツ …40g
　　ピスタチオ …30g
　　アニスシード …小さじ1/3

下準備
・オーブンは170℃に予熱。
・天板にオーブンペーパーを敷く。

作り方

1 ボウルに卵白を入れ、ホイッパーで溶きほぐす。Aを合わせてふるい入れ、グラニュー糖も加え、カードで切るようにして混ぜる。粉っぽさが残っている状態で、Bを加え、よく混ぜる。

2 指先に少量の水をつけながら、厚さ2cmの長方形6×22cmに整える。その際、中央を少しへこませるようにすると、均一に焼き上がる。

3 170℃のオーブンで25分ほど焼き、一度取り出す。粗熱が取れたら幅0.6cmに切り、再び150℃に下げてさらに15分ほど焼く。オーブンから取り出し、天板にのせたまま冷ますと、パリッと仕上がる。

✣ Storing ✣
・常温…密閉容器に入れて5日～1週間。
・冷凍…保存袋に入れて1か月ほど。
冷凍庫から出してすぐ、解凍せずに食べられる。

✣ Point ✣
・Bのナッツ類は、クルミやピーナッツなど好みのものでも構わない。
・パン切りナイフなど、よく切れる波刃包丁で切るといい。
・残った卵黄は、「ニューメキシカアニスクッキー(p.62参照)」に利用できる。

クリスピー ココナッツマカロン

材料が少ないうえ、
とにかく作るのが簡単。
卵白1：砂糖1.5：ココナッツファイン2、
の割合と覚えておけば、
どんな量の卵白でも作ることができます。

材料（直径2.5cm 25個分）

卵白（室温）	…35g（約M玉1個分）
グラニュー糖	…50g
バニラオイル	…少々
ココナッツファイン（できるだけ細かいもの）	…70g

好みで仕上げ

チョコレート（ビタータイプ）…適宜

下準備

・オーブンは150℃に予熱。
・天板にオーブンペーパーを敷く。

✣ Storing ✣

- 常温…密閉容器に入れて5日〜1週間。
- 冷凍…保存袋に入れて3週間ほど。冷凍庫から出してすぐ、解凍せずに食べられる。

✣ Point ✣

- 成形する際には、指3本を使ってギュッと押しかためるようにして三角形に整え、少し平らにする。
- 残った卵黄は、「ニューメキシカンアニスクッキー（p.62参照）」に利用できる。

卵白にアーモンドを加えて作る、イタリア生まれのマカロン。アメリカではアーモンドの代わりに、ココナッツを加えたココナッツマカロンが定番です。ふんわり軽やかに焼き上げることもあれば、しっとりと焼き上げることもありますが、カリカリを通り越してガリガリになるまでしっかり焼くと、ココナッツの風味がよく引き出されるようで気に入っています。
「ココナッツクリームパイ」や「ココナッツレイヤーケーキ（右下の写真）」など、今ではアメリカのデザートに欠かせないココナッツですが、1890年代にフィラデルフィアのフランクリン・ベイカーが、ココナッツ製品のビジネスを始めたことで、ココナッツのドライ製品が広まり、誰もが手が届く材料になったようです。彼が始めた会社フランクリン・ベイカー・カンパニーは、今も世界中へココナッツ製品を届けています。

作り方

1 ボウルに卵白を入れ、ホイッパーで溶きほぐす。グラニュー糖を加え、すり混ぜる。バニラオイルも加える。ココナッツファインを加え、シリコンベラで混ぜる。ボウルにラップをぴったり貼りつけ、ココナッツファインが卵白の水分をしっかり吸うまで20分ほど休ませる。

2 指先に少量の水をつけながら、25等分（1個6gほど）にしてそれぞれ丸める。天板にのせ、指先で三角形に整える。

3 150℃のオーブンで20分ほど、140℃に下げて15分ほど、120℃に下げてさらに10分ほど焼く。スイッチを切ったら、オーブンの扉を閉じた状態で20分おいてしっかりと乾燥させる。機種により多少時間は前後するので、数回試して。

4 完全に冷めたら、好みで溶かしたチョコレートをつける。

クリームチーズを加える
リッチな生地なので、
小さくとも食べ応え十分

Rugelach
ルゲラ

サクサク
ほろほろ

　ユダヤ人の間で食べられ広まった「ルゲラ」は、ユダヤ教のパルヴェ（肉と乳製品抜き）にも、バターたっぷりにも対応できるので、ユダヤの枠を越えて、多くの人から愛されてきました。生地をのばして三角に切って、フィリングをくるくると巻いて角（ホーン）の形にして焼き上げます。一見難しそうですが、生地には卵を使わないので分離する心配もなく、とても簡単。
　クリームチーズを加える生地は、アメリカのフィラデルフィア・クリームチーズ・カンパニーが考案したもので、「フィラデルフィア クリームチーズ ドゥ」とも呼ばれます。

サクサクほろほろとした生地には
ほとんど甘さがありません。
フィリングで甘さの調整をしましょう。
刻んだチョコレート、ポピーシード、
ジャムなど、お好みのもので
楽しんでください。

材料（長さ6cm12個分）

A	薄力粉 …60g
	塩 …多めのひとつまみ

バター（食塩不使用／室温）…35g
クリームチーズ（室温）…30g
グラニュー糖 …10g
バニラオイル …少々

フィリング

バター（食塩不使用）…10g

B	グラニュー糖 …15g
	シナモンパウダー …小さじ1/4
	ドライアプリコット …15g
	クルミ（ローストしたもの）…20g

仕上げ

バター（食塩使用でも不使用でも可）…適量
グラニュー糖 …小さじ2
シナモンパウダー …小さじ1/4

下準備

・オーブンは180℃に予熱。
・天板にオーブンペーパーを敷く。
・フィリングと仕上げのバターは湯せんで溶かす。
・Bは合わせてから細かく刻む。

作り方

1 ボウルにバターを入れ、シリコンベラで練る。クリームチーズを加え、なめらかになるように練る。グラニュー糖とバニラオイルも加える。Aを合わせてふるい入れ、練らないように混ぜる。ラップに包んで平らにし、冷蔵庫で1時間ほど休ませる。

2 直径21cmの円形にのばし、その上にフィリングの溶かしバターを塗り、Bをのせて広げる。ピザを切るように包丁やピザカッターで12等分に切り分け、外側から内側に向けてしっかりと巻く。巻き終わりをとめて下に向け、天板にのせる。表面に仕上げの溶かしバターを塗り、グラニュー糖とシナモンパウダーを混ぜたシナモンシュガーをふる。

3 180℃のオーブンで16分ほど、150℃に下げてさらに10分ほど、表面に香ばしい焼き色がつくまで焼く。網に取り、冷ます。

✛ Storing ✛

● 常温…密閉容器に入れて4日〜5日。
● 冷凍…保存袋に入れて3週間ほど。冷凍のまま180℃に予熱したオーブンで5分ほど加熱し、余熱で中まで温める。

✛ Point ✛

● 油脂が多くベタつきやすい生地なので、成形する際、ベタついたら冷蔵庫で冷やし手早く作業する。
● 外側から内側に向けて巻く際、アプリコットは焦げやすいので飛び出さないようにする。

Peanut Blossom Cookies
ピーナッツバターブロッサム

しっとり

おいしいピーナッツが身近にある千葉県で育ったので、ピーナッツには目がなく、ピーナッツバターは我が家のキッチンの必需品。さらにそれを大好物のチョコレートで包み込んだザ・ハーシー・カンパニーの「リーセス ピーナッツバターカップ（右の写真）」は、10代後半、何個食べたか分からないほどです。

このクッキーは、オハイオ州に住んでいたフレーダ・スミスがピーナッツバタークッキーの生地に混ぜようと思っていたチョコレートチップがキッチンになく、代わりにキスチョコをのせたのが始まり、というのが通説です。

フレーダはこのクッキーで、1957年にピルズベリー社のベイキングコンテスト「ピルズベリー ベイク オフ」へチャレンジしたものの落選。賞金もゼロだったにもかかわらず、その年の優勝者のレシピよりも広く愛されるクッキーになったという、何とももどかしいストーリーをもつクッキーとしても知られます。

ピーナッツバタークッキーにチョコレートをちょこんとのせた

バターの代替品として、1890年代にヴェジタリアン向けに推奨されたピーナッツバター。
今ではクッキーやブレッド、デザートにとどまらず、パスタやサラダ、スープまで、
あらゆるメニューに使われるようになりました。

材料（長さ4cm10個分）

A 薄力粉…100g
　　重曹…小さじ1/4
　　塩…ひとつまみ

B ピーナッツバター（微糖でクリーミーなタイプ）
　　　…60g
　　植物油（太白ゴマ油など）…20g
　　はちみつ…30g
　　キビ砂糖…10g
　　バニラオイル…少々
　　牛乳（または豆乳）…20g

グラニュー糖…適量
しずく形のチョコレート…10粒

下準備
・オーブンは180℃に予熱。
・天板にオーブンペーパーを敷く。

作り方

1 ボウルに**B**を材料表の上から順に入れ、その都度シリコンベラでよく混ぜる。**A**を合わせてふるい入れ、練らないように混ぜる。

2 10等分にしてそれぞれ丸めたら、グラニュー糖を全面に薄くまぶしつける。指先で中央を少しへこませ、くぼみを作る。広がるので、数cmの間隔を空けて天板に並べる。

3 180℃のオーブンで12分ほど、周囲に香ばしい焼き色がつくまで焼き、一度取り出す。しずく形のチョコレートをくぼみにのせて軽く押し込み、170℃に下げてさらに2分ほど焼く。網に取り、冷ます。

✢ *Storing* ✢
・常温…密閉容器に入れて4日～5日。

✢ *Point* ✢
・重曹の計量を間違えたり、粉にしっかり混ざらなかったりすると、苦味が出やすいので注意。心配な場合、重曹は少なめでいい。

Chocolate
Thumbprint Cookies

サクサク
ほろほろ

サムプリントクッキー
親指のクッキー

親指でつけたくぼみに、フィリングを入れる

　ポーランドから伝わったとして「ポーリッシュティーケーキ」と呼ばれることもあれば、スウェーデンのジャムクッキー「ハッロングロットル」に由来する、もしくはユダヤ人から伝わったという話もありますが、特別な道具を使わずにかわいらしいクッキーが作れるので、アメリカでは定番として愛されています。
　フィリングは、チョコレートのほかにジャムを入れるのもおなじみです。私はレモンカードを入れて、ラベンダーの花を散らし、「とうふレモンスクエア（p.118参照）」風に楽しむこともあります。
　生地は今回紹介するショートブレッド生地以外にも、好みのもので構いませんが、焼くと薄く広がったり、逆に膨らんだりして、せっかく作ったくぼみが消えてしまうような生地は向きません。

焼き上がった際、
生地が大きく膨らんで、
親指でつけたくぼみが
消えてしまっては台無しです。
なので、バターは空気を
抱き込ませないよう
シリコンベラで練ります。

材料（直径4cm 10枚分）

薄力粉	…50g
クルミ（ローストして、細かく砕く）	…30g
バター（食塩不使用／室温）	…40g
粉砂糖	…15g
バニラオイル	…少々
ホールアーモンド（ローストして、細かく砕く）	…15g
チョコレート（ミルクタイプ）、ホワイトチョコレート	…各15g

下準備
- オーブンは170℃に予熱。
- 天板にオーブンペーパーを敷く。

作り方

1. ボウルにバターを入れ、シリコンベラで練る。粉砂糖を加え、さらに練る。バニラオイルも加える。薄力粉をふるい入れ、クルミも加え、練らないように混ぜる。ラップに包んで平らにし、冷蔵庫で30分ほど休ませる。
2. 10等分にしてそれぞれ丸めたら、アーモンドを全面にまぶしつける。天板にのせ、親指（または小さな丸いスプーンの背）でくぼみを作る。
3. 170℃のオーブンで5分ほど、160℃に下げてさらに13〜15分、周囲に香ばしい焼き色がつくまで焼く。網に取り、冷ます。
4. 完全に冷めたら、湯せんで溶かした2種のチョコレートをくぼみに入れる。

✦ Storing ✦
- 常温…密閉容器に入れて4日〜5日。
- 冷凍…チョコレートを入れない状態で、保存袋に入れて3週間ほど。冷凍庫から出して数分おくと、食べやすいかたさになる。食べる際、チョコレートや好みのジャムを入れる。

✦ Point ✦
- クルミとホールアーモンドは、ローストして冷ましたものをポリ袋に入れ、めん棒で叩いて細かく砕く。
- くぼみはしっかり深くつけること。焼いている間に生地が広がると同時に中心が少し膨らむため、くぼみが消えないようにする。

Chocolate Crinkles
チョコレートクリンクルクッキー

カリカリ
ねっちり

粉砂糖をかぶった様子から、「雪の帽子」とも呼ばれるチョコレートのクッキー

　たっぷり粉砂糖をまぶしたクッキーが膨らむときに、表面がクリンクル（crinkle：波）模様にひび割れるので、この名前がつけられました。隙間からのぞくチョコレート生地がとてもきれいなのですが、「見た目はかわいいけれど、肝心の味はどうにかならないの?」、なんて言われることが多い、おいしさは二の次になりがちなクッキーでもあります。

　私も、チョコレートの風味が感じられなかったり、乾ききったクッキーにあたったりして、何度かがっかりしたことがありますが、ココアパウダーとチョコレートの両方を使い、バターではなく植物油を使うことで、風味も食感もよく焼き上がります。

ファッジのような独特の食感が魅力なので、
中心がしっとりと焼きあがるよう、くれぐれも焼きすぎにはご注意。
焼きたては周囲がカリッとして中がねっちり、数日経つと全体がやわらかくなります。

材料（直径5cm15枚分）

A	薄力粉 …50g
	ココアパウダー（砂糖不使用）…20g
	重曹 …小さじ1/4
製菓用チョコレート（カカオ分50～55%）…45g
B	植物油（太白ゴマ油など）…20g
	牛乳（室温）…20g
	ブランデー（またはラム酒、バーボン）…10g
	キビ砂糖 …40g
	バニラオイル …少々
粉砂糖 …10g

好みで仕上げ

粉砂糖 …適宜

下準備
- オーブンは170℃に予熱。
- 天板にオーブンペーパーを敷く。

作り方

1. ボウルに製菓用チョコレートを入れ、湯せんにかけて溶かす。**B**を材料表の上から順に加え、その都度シリコンベラでよく混ぜる。**A**を合わせてふるい入れ、練らないように混ぜる。ラップに包み、冷凍庫で15～20分、休ませる。
2. 15等分にしてそれぞれ丸めたら、粉砂糖を表面にたっぷりまぶしつける。広がるので、数cmの間隔を空けて天板に並べる。
3. 170℃のオーブンで9～10分、周囲はかたく、中心はやわらかい状態になるまで焼く。網に取り、冷ます。
4. 完全に冷めたら、好みで再び粉砂糖をふる。

✢ Storing ✢

- 常温…密閉容器に入れて5日～1週間。
- 冷凍…保存袋に入れて3週間ほど。冷凍庫から出して数分おくと、食べやすいかたさになる。

✢ Point ✢

- 重曹の計量を間違えたり、粉にしっかり混ざらなかったりすると、苦味が出やすいので注意。心配な場合、重曹は少なめでいい。
- 焼きすぎるとパサつくので注意。

1989年に選出された、ニューメキシコ州のオフィシャルステイトクッキー

Bizcochitos

サクサク

ニューメキシカンアニスクッキー
ビスコッチート

　公式にニューメキシコ州のクッキーに選ばれた（これがオフィシャルステイトクッキー〈右記コラム参照〉の始まり）、アニスの香るクッキー「ビスコッチート」は、その昔、同州のスペイン領時代に誕生したようです。

　スペイン人の持ち込んだ豚の脂であるラードによるサクサクとした食感と、アニスの爽快感のある芳香が特徴の個性的なクッキーで、ホットチョコレートやコーヒーがよく合います。

　州務長官のホームページによれば、「フルール ド リス（アヤメをモチーフにした意匠）」の形に型抜きするのが伝統とのことですが、クリスマス用の星型や月の形、ウェディング用のダイヤモンドの形の方がポピュラー。

　ラードの代わりに、バターやショートニングを使うと持ち味がそこなわれます。できれば代用品で作ることなく、ぜひ純正ラードが手に入ったときにチャレンジしてみてください。

ラードを使うためか、たっぷりまぶしたシナモンシュガーが衣のような食感になるためか、フライドクッキー（Fried Cookies：揚げクッキー）のような趣もあります。ほかのクッキーにはない独特の食感が魅力で、ときどき無性に食べたくなります。

材料（直径9cm10枚分）

A 薄力粉 …120g
　　ベーキングパウダー …小さじ1/4

純正ラード（常温）…65g

B グラニュー糖 …45g
　　アニスシード …小さじ1/2

卵黄（常温）…M玉1個分
ブランデー …小さじ2

仕上げ

グラニュー糖 …50g
シナモンパウダー …大さじ1

下準備

・オーブンは180℃に予熱。
・天板にオーブンペーパーを敷く。
・**B**のアニスシードは乳鉢などで粒をすり潰し、グラニュー糖と合わせる。
　乳鉢がなければ、粒状のまま使う。

作り方

1 ボウルに純正ラードと**B**を入れ、シリコンベラで練る。卵黄を加え、混ぜる。ブランデーも加える。**A**を合わせてふるい入れ、練らないように混ぜる。ラップに包んで平らにし、めん棒で厚さ5mmの平行四辺形12×25cmに整え、冷蔵庫で1時間〜ひと晩休ませる。

2 四方を切り落とし、10等分の平行四辺形に切り分ける。グラニュー糖とシナモンパウダーを混ぜたシナモンシュガー入りのバットにのせ、全面にまぶしつける。天板にのせる。

3 180℃のオーブンで5分ほど、170℃に下げてさらに9〜10分、周囲に薄い焼き色がつくまで焼く。網に取り、冷ます。

4 完全に冷めたら、好みで再びシナモンシュガーをふる。

✢ Storing ✢

- 常温…密閉容器に入れて4〜5日。
- 冷凍…保存袋に入れて3週間ほど。冷凍庫から出してすぐ、解凍せずに食べられる。

✢ Point ✢

- 長いほうを半分に切った後、それぞれ5等分に切り分ける。

- 残った卵白は、「卵白で作るナッツたっぷりのビスコッティ(p.50参照)」や「クリスピーココナッツマカロン(p.51参照)」に利用できる。

オフィシャルステイトクッキーとは

1893年の「シカゴ万国博覧会」をきっかけに、公式な州のシンボル「オフィシャルステイト○○」選びが盛り上がり、1960年代半ばには食べものにも波及します。先陣を切って1965年に「ピントビーンズ」「チリペパー」を「オフィシャルステイトフード」に選んだニューメキシコ州は、1989年に「ビスコチート」をクッキー初のオフィシャルステイトフードとして選んだ州でもあります。今のところクッキーの類で選ばれているのはこのビスコチートと、マサチューセッツ州の「チョコレートチップクッキー」、メイン州の「ウーピーパイ」だけ。

Column 2

その種類たるや星の数ほど

クッキーの型、いろいろ

　もう十分もっているのに、見かけるとつい手に取ってしまう「クッキーの抜き型」。
　アメリカでは19世紀に錫製の型が、20世紀には商品宣伝用の抜き型が登場し、やがてお土産店にアメリカ合衆国や各州の形を模った抜き型が並び……、その種類たるや星の数ほど。
　抜き型はサンドイッチにも使われ、私も家庭菓子のお師匠さんパムからもらった大きな猫の型をツナサンドイッチ作りに愛用しています。
　抜き型のほか、型に生地を押し入れて模様をつける「クッキーモールド」や、スタンプのように押して模様をつける「クッキースタンプ」、持ち手の先に刃を取りつけて、コロコロと転がして型抜きをする「ローリング クッキーカッター」、めん棒に模様が施されたものなど、バラエティー豊富な型が愛され続けているのは、クッキー大国ならではです。

クッキースタンプ

クッキーモールド

64

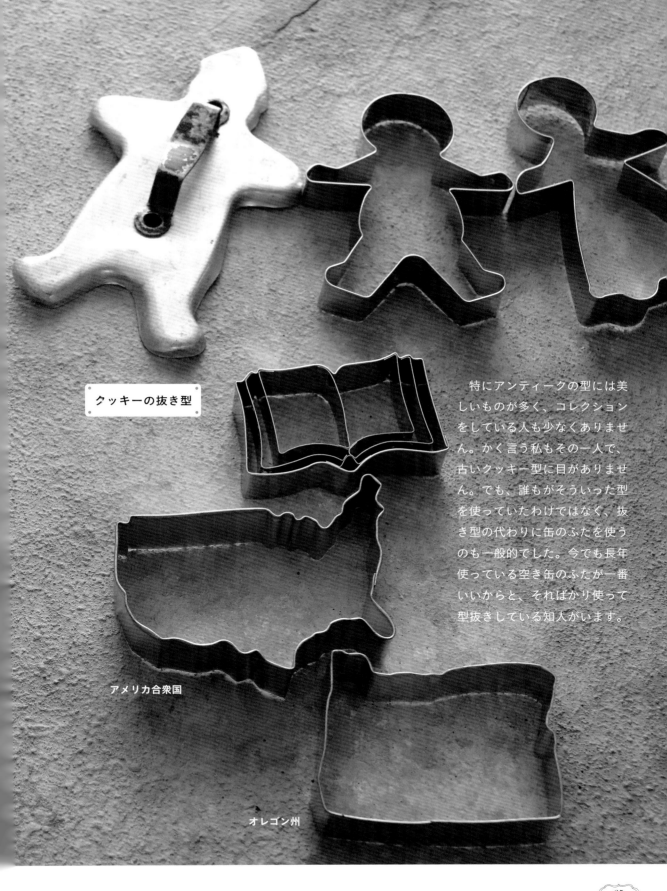

クッキーの抜き型

アメリカ合衆国

オレゴン州

　特にアンティークの型には美しいものが多く、コレクションをしている人も少なくありません。かく言う私もその一人で、古いクッキー型に目がありません。でも、誰もがそういった型を使っていたわけではなく、抜き型の代わりに缶のふたを使うのも一般的でした。今でも長年使っている空き缶のふたが一番いいからと、そればかり使って型抜きしている知人がいます。

Part.3

古いクックブックの
クッキー

アメリカンクッキーの歴史を感じる、
18世紀末から20世紀前半への時代旅行

　1700年代の末から1800年代の後半にかけて、アメリカの
クックブックが刊行され始めて間もない時代には、「シュルー
ズベリーケーキ（p.70参照）」「エイピー（p.72参照）」「ジャン
ブル」「ラスク」「ナポリのビスケット（フィンガービスケット）」
といった、現在のクックブックではほとんど見かけなくなった
クッキーの類が頻繁に登場します。

　そして、この頃のクックブックには、まだ独立したクッキー
のパートは設けられておらず、クッキーの類はケーキと同じ
パートに載っていました。

　その初期の時代を中心に、約220年〜80年前にさかのぼっ
て、それぞれの時代を代表する、もしくは私が特に心惹かれる
クックブックとそれに載るクッキーを取り上げました。

　普段なかなか目にすることのない、珍しいクッキーの時代旅
行をお楽しみください。

1796年
"American Cookery"
アメリカ料理
Amelia Simmons
アミーリア・シモンズ 著

今でも復刻版が読み継がれる、アメリカ人初のクックブックから

Christmas Cookey
クリスマスのクッキー

サクサク
ふかふか

220年以上前のレシピを元にした古風なクッキーは、クッキースタンプで仕上げます。
ショートブレッドと同じように卵は使わないけれど、それほどリッチではない、やさしい味わい。
ベーキングパウダーが入るので、フカっとした軽い焼き上がりです。

どんな人物だったのかほとんど伝わっていないアミーリア・シモンズの著書"American Cookery（アメリカ料理）"は、アメリカ人による最初のクックブックとされ、今でも復刻版が読み継がれているほど人気です。

このクックブックでは、当時一般的だったイギリスの料理を中心にしつつも、アメリカ大陸原産のトウモロコシやカボチャ、クランベリーなどを使うプディングやパンケーキ、パイ、肉料理などが紹介されていて、新しい時代が来たことを感じさせます。

手作りの酵母や膨張剤のこと、ローズウォーターやコリアンダー、ワインなど、当時風味づけとしてよく使われたスパイスやお酒のことなど、私はこの本からたくさんのことを学びました。そして、クッキーが初めて登場するのも、この本。

油脂の少ない「クッキー」と、少しバターが多めの「クリスマスのクッキー」の2種類が紹介されていて、どちらも香りづけにコリアンダーシードが入り、ちょっと個性的な味わいです。

今回紹介するクリスマスのクッキーでは、膨張剤に当時よく使われた真珠灰ではなく、その後誕生したもっと使いやすいベーキングパウダーを用います。

材料（直径7.5cmのクッキースタンプ6枚分）

A	薄力粉…100g
	ベーキングパウダー …小さじ1/4
	コリアンダーシードパウダー …小さじ1/2
	バター（食塩不使用）…45g
B	グラニュー糖…40g
	牛乳…10g

下準備
- オーブンは180℃に予熱。
- 天板にオーブンペーパーを敷く。
- **B**を混ぜて合わせておく。

作り方

1 ボウルに**A**を合わせてふるい入れ、バターを加えて、カードで5mm角になるまで刻み込む。両手をすり合わせるようにし、サラサラの状態にする。中央にくぼみを作り、**B**を加えて、カードで切るように混ぜる（ここまでフードプロセッサーでもO.K.）。ラップで包み、冷蔵庫で30分ほど休ませる。

2 6等分にしてそれぞれ丸め、少し平らにして、ラップを貼りつけたクッキースタンプを押しつけて模様をつける。天板にのせる。

3 180℃のオーブンで10分ほど、170℃に下げてさらに8分ほど、表面に香ばしい焼き色がつくまで焼く。網に取り、冷ます。

✥ Storing ✥
- 常温…密閉容器に入れて4〜5日。
- 冷凍…保存袋に入れて3週間ほど。冷凍庫から出してすぐ、解凍せずに食べられる。

✥ Point ✥
- コリアンダーシードパウダーは好みで量を増やしてもいい。
- クッキースタンプを使うときは、ラップを貼りつけるか、スタンプに薄く油を塗るとくっつかない。
- クッキースタンプの代わりに、丸めて手の平で潰すだけでもいい。

1824年
"The Virginia Housewife"
ヴァージニアの主婦
Mrs. Mary Randolph
メアリー・ランドルフ夫人 著

第3代ジェファーソン大統領の
またいとこと結婚したランドルフ夫人の家政本

Shrewsbury Cakes
シュルーズベリーケーキ

しっとり

今ではすっかり忘れられているクッキーですが、
今回のレシピは、少し甘さを控えたことを除いては、
メアリー・ランドルフの作り方を忠実に再現しています。
焼き色をあまりつけないようにお気をつけください。

19世紀における最も影響力のある家政本のひとつが、メアリー・ランドルフ夫人による"The Virginia Housewife（ヴァージニアの主婦）"です。そこに載る「シュルーズベリーケーキ」は、イギリスから伝わった焼き菓子で、ティータイムにぴったり。

名前から、いかにもイギリス的というお菓子は、その後アメリカでは存在感が薄れていくのですが、イギリス西部の町の名に由来するシュルーズベリーケーキもまさにそのひとつで、残念ながら今ではすっかり忘れられているようです。

夫だけでなく自身も第3代アメリカ大統領トーマス・ジェファーソンの親類であるメアリーによるこの本は、最初の、地域的なアメリカのクックブックとされ、アフリカやネイティブアメリカン、ヨーロッパの影響を受けたヴァージニアスタイルの豊かな食が紹介されています。

メアリー・ランドルフ自身は、家のことはほとんどメイドに任せていたと思われますが、この時代にトマトの調理法を掲載するなどとても興味深く、500近くものたくさんのレシピからは、当時ヴァージニアの家庭でどのようなものが食べられていたかがうかがえてかなり貴重です。

材料（直径6.5cmの菊型12枚分）

A 薄力粉…150g
　　グラニュー糖…60g
　　コリアンダーシードパウダー…小さじ3/4

バター（食塩不使用）…60g
卵（室温）…M玉1個
ブランデー…小さじ1

下準備
・オーブンは160℃に予熱。
・天板にオーブンペーパーを敷く。

作り方

1 ボウルにバターを入れ、湯せんにかけて溶かす。卵とブランデーを加え、ホイッパーですり混ぜる。**A**を合わせてふるい入れ、シリコンベラで混ぜる。ラップで包み、冷凍庫（または冷蔵庫）で扱いやすいかたさになるまで休ませる。

2 生地を取り出し、手粉の強力粉（分量外。ベタつく生地なので、やや多めでいい）を使いながら、厚さ5～6mmにのばし（6mmより厚くならないようにする）、直径6.5cmの菊型で抜く。天板にのせる。

3 160℃のオーブンで23～25分、周囲に薄い焼き色がつくまで焼く。網に取り、冷ます。

✢ Storing ✢
- 常温…密閉容器に入れて4～5日。
- 冷凍…保存袋に入れて3週間ほど。冷凍庫から出して数分おくと、食べやすいかたさになる。

✢ Point ✢
- コリアンダーシードパウダーは好みで量を加減して。
- 焼きすぎるとパサつくので注意。

Apees
エイピー

サクサク しっとり

1828年
"Seventy-Five Receipts for Pastry, Cakes, and Sweetmeats"
ペストリーやケーキ、砂糖菓子の75のレシピ

Eliza Leslie
イライザ・レズリー 著

焼き菓子やデザートがたっぷり載った、ベイキングに特化したクックブック

エイピーという不思議な名前のクッキーは、キャラウェイとシナモン、
ナツメグが香る生地に、さらにシェリーを利かせた複雑な風味が特徴。
イギリス由来の「シュルーズベリーケーキ（p.70参照）」とも似ています。

アメリカで最初にクッキングスクールを始めた人物のひとりであるミセス・グッドフェローの生徒だったイライザ・レズリーによる "Seventy-Five Receipts for Pastry, Cakes, and Sweetmeats（ペストリーやケーキ、砂糖菓子の75のレシピ）" は、グッドフェロー直伝とされる焼き菓子やデザートがたっぷり載ったベストセラーのクックブック。イライザ・レズリーは19世紀に最も成功したクックブックの著者のひとりで、たくさんの著書を世に送り出しました。

なかでもこの本は、アメリカ初のベイキングに特化したクックブックで、それまでは作り方の文中に材料やその分量を含めるのが一般的だったものを、作り方の前に材料とその分量を一覧として載せた最初の本とされ、その分かりやすさで当時大ヒット。

この本に登場する、「A.P's」とも綴られるエイピーの名前の由来は、この焼き菓子を販売していた「Ann Page（アン・ページ）」のイニシャルともされますが、定かではありません。

お好みで、シェリーと一緒にローズウォーターを少量加えると、さらに当時の味に近づきます。

材料（直径5cmの丸型12枚分）

薄力粉 …100g

バター（食塩不使用／よく冷えたもの）…50g

A 粉砂糖 …40g
キャラウェイシード …小さじ1/2
シナモンパウダー …小さじ1/4
ナツメグパウダー …小さじ1/4

ドライシェリー（または白ワイン〈辛口〉）…25g

下準備

・オーブンは160℃に予熱。
・天板にオーブンペーパーを敷く。
・キャラウェイシードは乳鉢などで粒をすり潰す。
　乳鉢がなければ、粒状のまま使う。

作り方

1 ボウルに薄力粉をふるい入れ、バターを加えて、カードで5mm角になるまで刻み込む。両手をすり合わせるようにしてサラサラの状態にしたら、**A**を加える。中央にくぼみを作り、ドライシェリーを加えて、カードで切るように混ぜる。生地が粉っぽければ、シェリー小さじ1/2を足す（ここまでフードプロセッサーでもO.K.）。ラップに広げてひとつにまとめて平らにし、冷蔵庫で1時間ほど休ませる。

2 生地を取り出し、手粉の強力粉（分量外）を使いながら、厚さ6mmにのばし（6mmより厚くならないようにする）、直径5cmの丸型で抜き、もうひとまわり小さな抜き型を押しつけ、模様をつける。天板にのせる。

3 160℃のオーブンで20〜25分、周囲に焼き色がつくまで焼く。網に取り、冷ます。

✛ Storing ✛
• 常温…密閉容器に入れて4〜5日。
• 冷凍…保存袋に入れて3週間ほど。冷凍庫から出してすぐ、解凍せずに食べられる。

✛ Point ✛
• 粉砂糖の代わりに、グラニュー糖を使ってもいい。ただし、砂糖が溶けにくく残りやすいので注意。

1851年

"Miss Leslie's Directions for Cookery"

ミス・レズリーの料理指南

Eliza Leslie

イライザ・レズリー 著

今読んでも分かりやすい、19世紀に最も売れたクックブックから

Cocoa-Nut Jumbles

ココナッツジャンブル

サクサク
ほろほろ

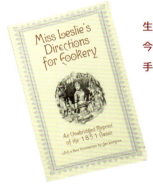

生地には砂糖が入らないのですが、砂糖は周りにまぶす程度で十分。
今のアメリカのクッキーにはない、ほのかな甘さが好印象です。
手に入ればローズウォーターを小さじ1/2ほど、卵と一緒に加えてください。

材料（20個分）

薄力粉…120g

バター（食塩不使用）…60g

卵…M玉1個

ココナッツファイン…60g

仕上げ

グラニュー糖…適量

下準備

・オーブンは190℃に予熱。
・天板にオーブンペーパーを敷く。

作り方

1 ボウルに薄力粉をふるい入れ、バターを加えて、カードで5mm角になるまで刻み込む。両手をすり合わせるようにし、サラサラの状態にする。中央にくぼみを作り、よく溶いた卵を加えて、カードで切るように混ぜる。ココナッツファインを加える（ここまでフードプロセッサーでもO.K.）。

2 20等分にしてそれぞれ丸め、長さ15cmのひも状にしてからリング（つなぎ目は水少量をつけてつける）にする。グラニュー糖を入れたバットにのせて、全体にたっぷりまぶす。天板にのせる。

3 190℃のオーブンで10分ほど、180℃に下げてさらに5分ほど、表面に香ばしい焼き色がつくまで焼く。網に取り、冷ます。

アメリカの古いクックブックにたびたび登場する「ジャンブル（Jumble）」は、イタリアの「ciambelline」やフランスの「gimblette」といったリング状の焼き菓子に由来する、とされるクッキーです。

ひも状にのばしてからリング型やノット（結び目）型に成型するほか、1870年代にはドーナツ型の型抜きを使い、油で揚げることもあったようで、リング型ドーナッツの誕生にジャンブルが影響を与えたという説もあります。ただ、今となっては、ドロップクッキーをジャンブルと呼ぶこともあり、元の姿を知らない人も多いようです。

今回のジャンブルは、人気料理本"Miss Leslie's Directions for Cookery（ミス・レズリーの料理指南）"に載ったレシピを元にしています。この本（初版は1837年発行。1851年発行は初版にレシピなどを追加したもの）は、19世紀に最も売れたクックブックで、今読んでもとても読みやすく作りやすく書かれています。

このレシピの生地には砂糖が入らないのですが、イライザのほかの本に載るジャンブルの生地には砂糖が入ることから、長らく砂糖を記載し忘れたミスプリントだと思い、読み流していました。それがあるとき、ふと気が向いて焼いてみると、砂糖は周りにまぶす分で十分。以来すっかり我が家のお気に入りです。

✢ Storing ✢

・常温…密閉容器に入れて4〜5日。
・冷凍…保存袋に入れて3週間ほど。冷凍庫から出してすぐ、解凍せずに食べられる。

✢ Point ✢

・形はリング以外にも、編んだり、プレッツェル状にしたりするなど、好みの形に。
・ココナッツの香ばしさが引き出されるよう、しっかり焼き色がつくまで焼く。

1896年
"Boston Cooking-School Cook Book"
ボストンクッキングスクールのクックブック
Fannie Merritt Farmer
ファニー・メリット・ファーマー 著

それまでのクックブックにはない
確かな計量法が支持された料理学校の本

Ginger Snaps
ジンジャースナップ

パリン
パリン

**クックブックではモラセスを使うところ、私ははちみつと
ブラウンシュガーと水を用います。スパイスはもともとジンジャーだけでしたが、
シナモンとカルダモンも加えて、クセを少しおさえて食べやすく仕上げます。**

1879年に創設されたボストンクッキングスクールで校長を務めたファニー・メリット・ファーマーによる "Boston Cooking-School Cook Book（ボストンクッキングスクールのクックブック)" は、それまでのクックブックにはなかった確かな計量法が支持され、重版版も改訂版も今なお参考にされているベストセラーのクックブックです。

このクックブックには、ジンジャーブレッドやジンジャークッキーが12種類も載っていますが、今回はその中から「ジンジャースナップ」を選びました。今のアメリカでジンジャースナップといえば、丸いクッキーの表面にピシピシっとひび割れが入ったものを指し、その様が「スナップ」と呼ばれる所以（ゆえん）ともされますが、この本のジンジャースナップはできるだけ薄くのばしてから型抜きをして焼き上げます。硬質でパリンとした食感がスナップに通じるようです。

このジンジャースナップは、コロニアル時代のモラヴィア教会のコミュニティで生まれた薄焼きクッキー「モラヴィアンスパイスクッキー」とも似ています。

材料（5×7.5cmほどの抜き型10枚分）

A 薄力粉 …100g
　　重曹 …小さじ 1/4
　　シナモンパウダー …小さじ 1/2
　　ジンジャーパウダー …小さじ 1/4
　　カルダモンパウダー …小さじ 1/4
　　塩 …ひとつまみ

B バター（食塩不使用）…15g
　　はちみつ …20g
　　ブラウンシュガー（または粗製糖）…30g

水 …15g

下準備
・オーブンは160℃に予熱。
・天板にオーブンペーパーを敷く。

作り方

1 小鍋に**B**を入れて混ぜ、中火にかける。溶けたら火を止め、水を加える。**A**を合わせてふるい入れ、シリコンベラでまとまるまでよく混ぜる。ラップに包み、冷蔵庫で30分以上休ませる。

2 生地を取り出し、手粉の強力粉（分量外。ベタつく生地なので、やや多めでいい）を使いながら、厚さ2mmにのばし（2mmより厚くならないようにする）、型で抜く。パレットナイフなどでそっともち上げて、天板にのせる。

3 160℃で12分ほど（途中、焼き色がつくようなら早めに温度を下げる）、140℃に下げてさらに8分ほど、表面をたたいてかたくなるまで焼く。網に取り、冷ます。

✛ Storing ✛

• 常温…密閉容器に入れて5日〜1週間。
• 冷凍…保存袋に入れて1か月ほど。
　冷凍庫から出してすぐ、解凍せずに食べられる。

✛ Point ✛

• 重曹の計量を間違えたり、粉にしっかり混ざらなかったりすると、苦味が出やすいので注意。心配な場合、重曹は少なめでいい。
• 厚すぎるとかたくて食べにくいので、2mmより厚くならないよう注意。

1911年
"Rufus Estes' Good Things to Eat"
ルーファス・エステスのご馳走
Rufus Estes
ルーファス・エステス 著

Snippodoodles
スニッポドゥードル

サクサク

アフリカン・アメリカンのシェフによる、初めてのクックブック

スニッポドゥードルは
そのまま食べてもおいしいけれど、
アイスクリームに添えるのもおすすめ。
センスのいい著者のシェフにならい、
いつもより素敵に盛りつけたくなります。

アフリカン・アメリカンのシェフによる初めてのクックブック"Rufus Estes' Good Things to Eat（ルーファス・エステスのご馳走）"に載っているのが「スニッポドゥードル」です。

ルーファス・エステスは、鉄道車両の製造と寝台車の運行を行っていた会社で豪華列車の食堂車のシェフとして、探検家のヘンリー・モートン・スタンリーや、第22代から第24代のアメリカ大統領を始めとする著名人や要人の料理を担当したり、1894年にはヘッドホンの原型を作った電気技師ナサニエル・ボールドウィン夫妻が、東京の桜祭りを船で訪れた際に同行したりしたこともあったそうです。

この本には奴隷出身で苦労を重ねたシェフのルーツであるアメリカ南部の料理の「ブランズウィック シチュー」や「クレオールスタイルのチキンガンボ」から、「紅茶のシャーベット」や「スミレの花の砂糖漬け」などのエレガントなデザートや、ラズベリーをご飯で包んで茹で上げる「ラズベリー ダンプリング」のような珍しいデザートまで、たくさんのレシピが載っています。

材料（25×25cmの天板2枚分）

A	薄力粉 …100g
	ベーキングパウダー …小さじ1/2
	シナモンパウダー …小さじ1/2
	バター（食塩不使用／常温）…15g
	グラニュー糖 …80g
B	卵（室温）…M玉1個
	牛乳（室温）…100g

仕上げ

グラニュー糖 …小さじ2

下準備

・オーブンは160℃に予熱。
・天板2枚にオーブンペーパーを敷く。
・**B**をよく混ぜ合わせておく。

作り方

1 ボウルにバターを入れ、ホイッパーで練る。グラニュー糖を加え、さらに練る。**B**を大さじ2ほど加え、よく混ぜる。**A**を合わせて半量をふるい入れ、ホイッパーのまま混ぜる。残りの**B**を加えて混ぜ、残りの**A**もふるい入れ、なめらかになるまで混ぜる。

2 2等分にして天板2枚にのせ、それぞれ25×25cmにシリコンベラで均一に広げる。

3 160℃で15～20分、周囲に濃い焼き色がついたら一度取り出し、仕上げのグラニュー糖を表面に手早くふってオーブンに戻し、140℃に下げてさらに10分ほど、パリッとするまで焼く。好みの大きさに割る。

✥ Storing ✥

・常温…密閉容器に入れて5日～1週間。
・冷凍…保存袋に入れて1か月ほど。
冷凍庫から出してすぐ、解凍せずに食べられる。

✥ Point ✥

・均一な厚みに広げないと、厚みがある部分はパリッと焼けないことがあるので注意。

| 1942年
"Cross Creek Cookery"
クロスクリークの料理本
Marjorie Kinnan Rawlings
マージョリー・キーナン・ローリングス 著 |

Date Torte
デーツトルテ

もっちり

ニューヨークから移り住んだフロリダの奥地で、女流作家が描いた魅惑の料理本

切り口からのぞく、ぎっしり詰まったデーツにびっくり。
油脂が入らないのに、たっぷり入るデーツのおかげで
しっとりとして濃厚で、すっかり魅了されました。

デーツとクルミがぎりぎりつながるくらいのわずかな生地でまとめるこのクッキーは、単に「デーツとナッツ（またはクルミ）のスクエア」と呼ばれることもあれば、「中国のお菓子（Chinese Chew）」とも称されたり、物資が不足していた「戦時のクッキー」として紹介されたりもします。

児童文学の名作『小鹿物語』の作者マージョリー・キーナン・ローリングスは、移り住んだフロリダ州の湖岸の地クロス クリークで書いたクックブック"Cross Creek Cookery（クロス クリークの料理本）"のなかで、このお菓子を「デーツトルテ」と呼んでいます。

ローリングスがこの本で「トルテ」と呼ぶものは2つあり、どちらも「粉がほとんど入らず卵は多め。ナッツやドライフルーツがぎっしり入る」というもの。かつてはそういったトルテがよく食べられていたようですが、最近はあまり聞かれなくなりました。

"Cross Creek（クロス クリーク）"で描いた甘美な食べもののレシピを、読者に熱望されて出版したこの料理本では、アメリカ南部の伝統的な食べものに加え、珍しい「ワニのしっぽのステーキ」や「メイハー（Mayhaw：アメリカ南部原産のサンザシ）のジェリー」のほか、「グアバ」「マンゴー」「パッションフルーツ」「パパイヤ」「パイナップル」などフロリダらしい熱帯果樹もたくさん登場します。

材料（15×15cmの角型1枚分）

A 薄力粉 …30g
　　ベーキングパウダー …小さじ1/3

卵（室温）…M玉1個
ブラウンシュガー（またはキビ砂糖）…30g
ドライデーツ（種抜き／レーズン大を目安に刻む）
　…100g
クルミ（ローストして、粗く刻む）…60g

仕上げ
粉砂糖（またはゆるく泡立てた生クリーム）…適宜

下準備
・オーブンは180℃に予熱。
・型の底と側面にオーブンペーパーを敷く。

作り方

1. ボウルに卵を割り入れ、ホイッパーで混ぜる。ブラウンシュガーを加え、さらに混ぜる。**A**を合わせてふるい入れ、ドライデーツとクルミを加え、シリコンベラで混ぜる。
2. 型に入れ、表面を平らにならす。
3. 180℃のオーブンで16～18分、表面全体に香ばしい焼き色がつくまで焼く。オーブンから取り出し、型ごと網に取り、冷ます。
4. 冷めたら型から外して16等分に切り、粉砂糖をまんべんなくふる。ゆるく泡立てた生クリームを添えて食べてもいい。

✢ Memo ✢

- フロリダでの田舎暮らしを力強く豊かに描いた自叙伝的エッセイ"Cross Creek（クロス クリーク）"。後にアメリカでは映画にもなり、日本では『水郷物語』として翻訳された。

✢ Storing ✢

- 冷凍…粉砂糖をふらない状態で、保存袋に入れて3週間ほど。冷蔵庫でゆっくり解凍する。

✢ Point ✢

- ドライデーツはしっとりとしたタイプを使う。乾ききったものや、既にカットしたものを使うと、かたく焼き上がってしまう。

Column 3

冷蔵庫で冷やしかためてから焼く

アイスボックスクッキー

　アイスボックスクッキーが一般的に作られるようになったのは、家庭に冷蔵庫が普及してからの1920年〜1930年代。

　女性の社会進出が進み、お菓子作りにもそうそう時間が取れなくなってくると、忙しい人にも作りやすいクッキーとして、アイスボックスクッキーは存在感を増してきたようです。

　アイスボックスクッキーといえば、「ピンウィールクッキー」。ピンウィールとは渦巻き状のことで、2色の生地を重ねて巻くこともあれば、シナモンシュガーや、今回のようにフルーツのフィリングを使うこともあります。

　また、ピーカンナッツを加えた、アイスボックスタイプのシンプルなショートブレッドも人気。日本では「サブレ」という言葉のほうがおなじみですが、アメリカでは「サンディ」と呼ばれます。砂（サンド）のようにもろく、サラサラと崩れるからそう呼ばれるとされ、それでいて、口溶けもよいのが魅力です。

「ペカンサンディ」 サクサクほろほろ

市販のサンディはナッツの香りがあまりせず
味気ないものが多いけれど、
おいしいバターとナッツで作れば、
焼きたての、香ばしくて風味のよい
サンディが楽しめます。砂糖の量はほんの少し、
ピーカンナッツの甘さを楽しみます。
コクがあるのでコーヒーや紅茶に
ひとつ添えるだけで十分満足。

●材料（直径4cm 約28枚分）
薄力粉…80g
ピーカンナッツ（ローストして冷ましたものを
　ポリ袋に入れ、めん棒で細かく砕く）…15g
バター（食塩不使用／室温）…50g
粉砂糖…20g
バニラオイル…少々
●トッピング
ピーカンナッツ…適量

●下準備
・オーブンは160℃に予熱。
・天板にオーブンペーパーを敷く。

●作り方
1　ボウルにバターを入れ、シリコンベラで練る。粉砂糖を加え、混ぜる。バニラオイルを加える。薄力粉をふるい入れ、ピーカンナッツを加え、練らないように混ぜる。ひとつにまとめてラップで包み、長さ17cmほどの棒状にし、冷蔵庫で1時間ほど休ませる。この状態で冷凍保存もできる。
2　よく切れる包丁で厚さ6mmに切り、天板に並べ、ピーカンナッツをトッピングする。
3　160℃のオーブンで20分ほど、表面にうっすら焼き色がつくまで焼く。網に取り、冷ます。

Refrigerator Cookies

「デーツの ピンウィールクッキー」

サクサク ほろほろ

ホリデーシーズンの定番、
「デーツのピンウィールクッキー」は、
フィリングを作るので少し手間はかかりますが、
その甲斐があるおいしさ。
年に一度は作りたくなります。
切るときに少しくらい形が崩れても、
手で整えてから焼けば大丈夫。

● 材料（直径5cm 約20枚分）

薄力粉…100g
バター（塩分不使用）…60g

A
　ブラウンシュガー（またはキビ砂糖）…30g
　クリームチーズ…10g
　レモンの皮（すりおろす）…小1個分

● デーツフィリング

B
　ドライデーツ（細かく刻む）…60g
　カシューナッツ（ローストして、細かく刻む）…50g
　水…80g
　ブラウンシュガー（またはキビ砂糖）…10g

好みでピスタチオ（粗く刻む）…15g

● 下準備

・オーブンは180℃に予熱。
・天板にオーブンペーパーを敷く。

● 作り方

1. ボウルに薄力粉をふるい入れ、バターを加えて、カードで5mm角になるまで刻み込む。両手をすり合わせるようにし、サラサラの状態にする。**A**を加えて刻み込み、押してはたたむようにしてひとつにまとめる。ラップに包んで平らにし、冷蔵庫で30分〜1時間休ませる。

2. ● デーツフィリング
   小鍋に**B**を入れて中火にかけ、沸騰したら弱火にし、フィリングが水分を吸ってとろみがつくまで数分煮る。バットに広げて粗熱を取り、ラップを貼りつけて冷蔵室で冷やす。

3. 手粉の強力粉（分量外）を使いながら、めん棒で長方形15×25cmにのばす。ラップの間にはさんで作業するといい。フィリングをのせ、短辺2片の端から1cmを残して広げる。好みでピスタチオものせる。ラップを使いながら、短辺からぴっちり巻く。冷蔵庫で切りやすくなるまで1時間ほど冷やす。この状態で冷凍保存もできる。

4. よく切れる包丁で厚さ6mmに切り、天板に並べる。

5. 180℃のオーブンで20分ほど、香ばしい焼き色がつくまで焼く。網に取り、冷ます。

✦ Storing ✦

2レシピ共通

- 常温…密閉容器に入れて4〜5日。
- 冷凍…保存袋に入れて3週間ほど。冷凍庫から出してすぐ、解凍せずに食べられる。
- ★焼く前の生地を冷凍保存する場合、特に清潔に扱うこと。ラップでぴっちり包み、密閉袋に入れて空気を抜いた状態で1か月ほど。切りやすくなるまで、冷蔵室で解凍。

83

Part. 4

ノーベイククッキー

オーブンやトースター不要の焼かないクッキーは、
アメリカらしい伝統的でユニークな家庭菓子

　アメリカの家庭菓子のおもしろさに触れていただきたくて、
「ノーベイク（No Bake：焼かない）」クッキーのパートを設け
ました。
　鍋でグツグツと煮立たせた（ボイル）クッキー種をスプーン
でポトンポトンと落としたら、焼かずとも冷やしかためるだけ
で完成するノーベイククッキーは、お店に並ぶことも、市販の
クックブックに載ることもほとんどないけれど、古いレシピボ
ックスや、教会など特定のコミュニティ限定のコミュニティク
ックブックでよく見かける、アメリカの伝統的な家庭菓子です。
　この正式（?）なノーベイククッキーの作り方に加えて、もっ
と簡単で、ほとんど手間のかからないお気に入りのレシピも合
わせて紹介します。
　「オーブンやトースターがないとクッキーは作れない」と、
思っている方にもぜひ試していただきたい。
　そして何より、旧来の常識にとらわれすぎない、アメリカな
らではの豊かな発想が育んだ、ユニークな家庭菓子の世界を存
分にお楽しみください。

エネルギー補給になる、
健康志向が生んだ
サプリメントスイーツ

Energy Balls
エナジーボール

しっとり

生で食べて安全な食材を組み合わせて
丸めるだけのエナジーボールは、自由度がとても高いクッキー。
いろいろ試して、お気に入りの取り合わせを見つけてください。

　エナジーボールは、その名前通り、ドライフルーツやときには水にひたしたナッツ、カカオニブ、チアシードなどのシード類、オートミールなどを混ぜて作る、ひと粒にエネルギーと栄養がギュッと詰まったクッキー。健康志向が生んだサプリメントスイーツとでも呼びたくなります。

　ノーベイククッキーの中では新顔ですが、私は食欲のない日に飲みものと一緒に1〜2粒をいただき、エネルギー補給をしています。

　また、このエナジーボールをタルト生地の代わりにタルト型に敷き込んで焼かないタルト生地にしたり、やわらかすぎるブラウニー生地を支えるベース生地として使ったりもします。

　エナジーボールの祖先ともいえるのが、北米のネイティブアメリカンが伝えた「ペミカン」。

　粉状にした乾燥肉に溶かした脂、粉状のドライブルーベリーやドライクランベリーなどを加え、皮袋に詰めて保存したもので、今でも登山や極地探検の携行食として親しまれています。

材料（直径2〜3cm10個分）

A セミドライデーツ（種抜き）…40g
　　カシューナッツ（ローストしたもの）…40g
　　ココナッツファイン…20g

仕上げ

アーモンド（ローストして、細かく刻む／
　またはピスタチオ／細かく刻む、ココナッツファイン）
　…適宜

作り方

1. フードプロセッサーに**A**を入れ、全体がしっとりするまで回す。
2. 10等分にして丸める。アーモンドをまぶす。

✢ *Point* ✢

- カシューナッツのほか、アーモンドやクルミなどをミックスして使ってもいい。
- 成型する際、クランベリーを1〜2粒ずつ、さらにカカオニブを5粒ずつ加えるなど、好みでいろいろ自由に加えても楽しい。

✢ *Storing* ✢

- 冷蔵…密閉容器に入れて4〜5日。
- 冷凍…保存袋に入れて3週間ほど。冷凍庫から出して数分おくと、食べやすいかたさになる。

マッシュドポテトキャンディボール

甘いマッシュドポテトに慣れない人でもおいしく食べられるのが、
ココナッツを加えた、このノーベイククッキー。
成型も丸めるだけと簡単で、とても作りやすいレシピです。

ずいぶん前に友人宅で知った「ピーナッツバターポテトキャンディ」。マッシュドポテトに砂糖を混ぜてラップに広げ、ピーナッツバターを塗ってクルクルと巻き、ひと口大に切って食べるというものです。お世辞にもきれいとはいえない巻き上がりで、なんだか生々しく、味は甘いマッシュドポテト。

当然友人独特の創作菓子だと思っていたら、後にあちこちの家庭で受け継がれてきた伝統レシピだと知り、びっくりしたのです。このマッシュドポテトのデザートにはいくつかバリエーションがあるのですが、今回紹介するココナッツ入りのものは意外なおいしさ。

この小さなお菓子は、ドイツ語圏から移住したペンシルヴェニアダッチが伝えたとされ、私もペンシルヴェニアダッチの古いコミュニティクックブックでレシピを見たことがありますが、ジャガイモが大切な食べものだったアイルランド系移民が伝えたという説も。

ピーナッツバターを加えるアレンジ版は、物資が不足した1929年から33年の大恐慌の時代に広まったとされます。ピーナッツバターの代わりに、フェレロ社のヘーゼルナッツココアスプレッド「ヌテラ」などを使ってもおいしいです。

材料（直径2～3cm15個分）

ジャガイモ（メークイン）…正味100g
粉砂糖…35g
バニラエッセンス…少々
ココナッツファイン…20g
ピーナッツバター（微糖でクリーミーなタイプ）…35g

仕上げ

ココナッツファイン…適量

下準備

・ジャガイモはやわらかくなるまで茹でるか、電子レンジで加熱する。

作り方

1 小さなボウルに皮をむいた熱々のジャガイモを入れ、なめらかになるまで潰す。粉砂糖を加え、シリコンベラでなめらかになるまで混ぜる。バニラエッセンスとココナッツファインも加える。最後にピーナッツバターを加え、マーブル状になるように大きく混ぜる。

2 15等分にして丸める。ココナッツファインをまぶす。

✛ Point ✛

- 粉砂糖とピーナッツバターは好みで量を加減して。
- ココナッツファインをまぶす代わりに、溶かしたチョコレートでコーティングしてもいい。
- できれば保存はせず、その日のうちに食べるのがおすすめ。

✛ Storing ✛

- 冷蔵…密閉容器に入れて翌日まで。

アメリカらしくピーナッツバターを加えた、マッシュドポテトの小さな甘いお菓子

Old Fashioned Potato Candy Balls

ピーナッツバターの代わりに練りゴマを使えば、チョコの風味がより際立つ

No Bake Chocolate Tahini Cookies

しっとり
冷凍すれば、かっちり

ノーベイク チョコレートタヒニクッキー

**鍋ひとつあれば、オーブンがなくても簡単に作れるうえに、
冷凍したまま解凍せずに食べられる、夏場にもうれしいホームメイドクッキー。**

小さな頃からお菓子作りが大好きで、時間があればお菓子の本を読みふけり、お菓子教室へ通っていた私は、高校生になる頃にはすっかり「お菓子の常識」ができ上がっていたようで、その後にアメリカで出合うユニークなレシピのお菓子に幾度も衝撃を受けました。

このノーベイククッキーもそのひとつで、カンザス州出身の友人から、おばあさまのレシピを教わったときは、「なんて自由な発想なのだろう」とびっくりしたものです。

以来ココアをチョコレートに変えるなど試行錯誤して楽しんできた大好きなクッキーなのですが、材料の要だと思っていたピーナッツバターを欠かしたあるとき、代わりに練りゴマを使ってみたら、チョコレートの風味が際立ったためか、子どもたちに大好評。練りゴマのやさしさを生かすため、ピーナッツバター版より甘さや油脂をだいぶおさえたことで、子どもたちにはより食べやすかったようです。

お店に並ぶことはないけれど、代々家庭で作り続けられてきたこのお菓子は、「茹でるクッキー」とも呼ばれるほか、アパラチアでは、山向こうから馬に乗った牧師がやってくる姿が見えてから作っても間に合う、パントリーにあるもので作れるうえ簡単なためか、「牧師のクッキー」とも呼ばれます。

材料（直径5cmのミニマフィン型12個分）

A　牛乳 …30g
　　ココナッツオイル（またはバター〈食塩不使用〉）
　　　…10g
　　メープルシロップ …10g
　　ココアパウダー（砂糖不使用）…10g
　　バニラエッセンス …数滴

B　白練りゴマ …40g
　　チョコレート（カカオ分60%）…40g
　　オートミール …30g
　　ココナッツファイン …20g

仕上げ

白ゴマ …適宜
ココナッツファイン …適宜

下準備

・ミニマフィン型にペーパーカップを敷く。

作り方

1 片手鍋に**A**を入れ、シリコンベラで混ぜながら中火にかける。フツフツとしてきたら**B**を加えて混ぜ合わせ、火を止める。

2 ミニマフィン型に12等分にして入れ、ギュッと押しつける。白ゴマやココナッツファインをのせる。

3 冷凍庫でかたまるまで冷やす。そのままでも食べられるが、食べやすいかたさになるよう冷蔵庫に移してもいい。

✤ Storing ✤

● 冷凍…保存袋に入れて2週間ほど。冷凍庫から出してすぐ、解凍せずに食べられる。

✤ Point ✤

● 白練りゴマの代わりに、ピーナッツバター（微糖でクリーミーなタイプ）を使ってもいい。
● ミニマフィン型がない場合は、オーブンペーパーを敷いたバットに12等分にしてのせる。

No Bake Pumpkin Tahini Cookies
ノーベイク パンプキンタヒニクッキー

しっとり冷凍すれば、かっちり

この生地はクッキーの形に整えるほか、
そのままペロリと食べる「クッキードゥ（p.98参照）」としても楽しめます。
私はいつも、6個分はクッキーに、残りはクッキードゥとしていただいています。

「ノーベイク チョコレートタヒニクッキー（p.90参照）」の成功に気をよくし、もうひとつ、カボチャをベースにしたノーベイククッキーにも練りゴマを用いてみました。

アメリカ大陸原産のカボチャは、アメリカのデザートに欠かせない存在です。缶詰のピュレを使えば手軽とあって、感謝祭の定番パンプキンパイに留まらず、カボチャのデザートは大人気。

日本では缶詰のピュレはポピュラーではないけれど、手に入りやすい冷凍のカットカボチャを使えば、気軽です。ぜひお試しください。

材料（直径5cm8枚分）

A
- カボチャ…正味40g
- はちみつ…30g
- 牛乳…30g
- ココナッツオイル（またはバター〈食塩不使用〉）…10g

B
- オートミール（細かいもの）…60g
- 白練りゴマ…40g
- クルミ（ローストして、細かく刻む）…10g
- バニラエッセンス…少々

好みで仕上げ
- 好みで製菓用チョコレート（カカオ分60%）…50g

下準備
・バットにラップを敷く。

作り方
1. 片手鍋に**A**を入れ、シリコンベラで混ぜながら中火にかける。フツフツとしてきたら火を止め、**B**を加えて混ぜ合わせる。
2. 8等分にして軽く丸め、平らに整える。
3. バットに並べ、上からもラップをぴっちり貼りつけて乾燥を防ぎ、冷蔵庫でしばらく休ませる。好みで溶かした製菓用チョコレートをディップして食べる。

✣ Storing ✣
- 冷蔵…密閉容器に入れて数日。
- 冷凍…チョコレートをディップしない状態で、保存袋に入れて3週間ほど。冷凍庫から出して数分おくと、食べやすいかたさになる。

✣ Point ✣
- 冷凍のカットカボチャを使う場合は、2片ほどを電子レンジでやわらかくして、実だけ使う。
- カボチャの代わりに、サツマイモでも作れる。サツマイモの水分により牛乳の量を調整する。
- クッキードゥとして食べるなら、成形せず、アイスクリームディッシャーで器にすくい落とし、スプーンで食べる。

アメリカ人が大好きな
カボチャで作る、
普段着のやさしいお菓子

Bourbon Balls

しっとり

バーボンボール

アメリカ南部で人気の
バーボン香るひと口菓子をライトにアレンジ

アメリカンウイスキーの一種、バーボンで作るだけでなく、
お酒が苦手な場合は、バーボンの代わりにオレンジジュースを使い、
「オレンジボール」としても楽しめます。

トウモロコシを主原料にするアメリカ産のウイスキー「バーボン」を知ったのは、高校生のときでした。ケンタッキー州の山の中に建つ友人ジェニーの家でしばらくお世話になった際の話です。

バーボンの製造所や、その朽ちた跡地をまわりつつも未成年だったので、当時のホストファザー・アンディの「お土産はバーボンで」という希望に応えるのは難しくて、ジェニーのお母さんに頼んで「ワイルドターキー」を買ってきてもらったことを思い出します。

甘い香りのバーボンは、お菓子作りにも多用され、たとえば何気ないブレッドプディングも、ピーカンパイも、アップルパイも、バーボンを加えるだけで、ぐっと深みのある味わいになるのです。このバーボンをたっぷり使う「バーボンボール」は、アメリカ南部の人気もの。

元祖のバーボンボールには2種類あって、どちらも南部の味であるバーボンとピーカンナッツを使って手作りするのが特徴ですが、このところ私には重たすぎたり甘すぎたり。

これに代わって楽しんでいるのが、バーボンを染み込ませたナッツとデーツをペースト状にして丸めたものです。元祖のようにチョコレートをコーティングしても楽しいけれど、フリーズドライのストロベリーパウダーや粉砂糖をまぶすだけでも十分なおいしさです。

材料（直径2〜3cm10個分）

A セミドライデーツ（種抜き）…40g
　　ピーカンナッツ…20g
　　カシューナッツ…20g
　　ココナッツファイン…20g
　　ココアパウダー（砂糖不使用）…小さじ2
　　バーボン…小さじ2

はちみつ…小さじ1/2〜1

仕上げ
ドライストロベリーパウダー（または粉砂糖）…適宜

作り方

1 フードプロセッサーに**A**を入れ、全体がしっとりするまで回す。味を見ながら、はちみつを加える。

2 10等分にして丸める。ドライストロベリーパウダーをまぶす。

✛ Point ✛
- ドライストロベリーパウダーをまぶす代わりに、溶かしたチョコレートでコーティングしてもいい。

✛ Storing ✛
- 冷蔵…密閉容器に入れて4〜5日。
- 冷凍…保存袋に入れて3週間ほど。冷凍庫から出して数分おくと、食べやすいかたさになる。

95

チャーチウィンドウクッキー

バターとチョコレートを溶かしたら、
マシュマロを混ぜて冷やしかためるだけ。
電子レンジを使って溶かせば、子どもでも手作りできます。

　切り口のカラフルなマシュマロに心躍るお菓子です。チョコレートをベースにした棒状のものは、薄明りの中にステンドグラスが浮かび上がるようだからと「教会の窓（チャーチウィンドウ）クッキー」とか「ステンドグラスウィンドウクッキー」などと呼ばれます。

　似たものにピーナッツバターをベースに角型に流して冷やしかためるものがありますが、そちらはキラキラしたカラフルな砂糖菓子を意味する「コンフェッティバー」と呼ばれます。

　どちらもチョコレートとマシュマロを合わせたオールドファッションなチョコレートバー「ロッキーロードバー」の影響がうかがえますが、うんと華やかです。

　我が家の子どもたちと初めてこのお菓子を作ったとき、口をそろえて、「こんなにおいしいお菓子は食べたことがない!」と言っていました。ちょっと複雑な心境でしたが、確かに子どもが大好きな味。私も食べるたび童心にかえります。

材料（直径5cm10個分）

バター（食塩不使用）…20g
チョコレート（ビタータイプ、カカオ分60%）…60g
カラーマシュマロ（ミニサイズ）…50g
クルミ（ローストして、4等分に切る）…20g

仕上げ

ココナッツファイン…20g

作り方

1 ボウルにバターとチョコレートを入れ、湯せんにかけて溶かす。カラーマシュマロが溶けない程度に粗熱が取れたら、カラーマシュマロとクルミを加え、シリコンベラでやさしく混ぜる。

2 ラップで包み、16〜17cmの棒状にする。

3 冷蔵庫で数分休ませた後、ラップから取り出し、ココナッツファインを敷いた別のラップにのせ、全面にまぶしつける。再度ラップで包み、冷蔵庫で冷やしかためたら、10等分の輪切りにする。

✦ Storing ✦

- 冷蔵…密閉容器に入れて数日。

✦ Point ✦

- 今回はカラーマシュマロにエスビーグローバルの「ロッキーマウンテン」を使用。
- 冷蔵庫で数分休ませる際、冷やしすぎるとチョコレートがかたまり、ココナッツファインがつかなくなるので注意。

茶色になりがちな
クッキープレートに
華やかさを添えるレシピ

Church Window Cookies

Column 4

焼く前の生地をペロリ
クッキードゥ

　焼く前のクッキー生地「クッキードゥ」をなめたくなるのは私だけではないようで、アメリカでは生のまま食べても大丈夫な「食べられる（エディブル）クッキードゥ」も人気です。

　正直なところ、私はヘラに残るほんの少しだけをなめられれば十分満足。なので、わざわざなめるためだけにクッキードゥを大量に作りたいとは思わないのですが……。

　考えてみれば、マフィンのカップからはみ出したカリカリ食感のトップの部分が好きだからと、それだけを専用に焼く「マフィントップ型」があるような国なので、クッキードゥも「好きだから、存分に食べられるようたっぷり作る」という発想もさして不思議ではありません。

　子どもの頃、焼く前の生のクッキー生地を味見して、「お腹をこわすわよ」と母に心配されたけれど、小麦粉も卵も使わないこのレシピであれば平気です。

「クッキードゥ」

ねっとり

クッキーとして焼き上げるのではなく、
そのまま食べるものなので、
配合はそれほど厳密になる必要はありません。
バターは量を減らしても、
ココナッツオイルに代えてもいい。
甘さの分量も好みで自由に加減できます。

●材料（直径約4.5cm2個分）
A　バター（食塩不使用／溶かす）…10g
　　はちみつ…10g
　　バニラエッセンス…数滴
B　アーモンドパウダー…20g
　　ココナッツファイン…10g
塩…ひとつまみ
牛乳…小さじ1
チョコレートチップ（またはラムレーズン）…10g

●下準備
・Bは、それぞれ香ばしくなるまでフライパンで炒る。
　あるいはオーブンで加熱する。
　アーモンドパウダーは適宜かき混ぜながら
　180℃で8分、ココナッツファインは3分。
・バットにラップを敷く。

●作り方
1　小さなボウルにAを入れ、シリコンベラで混ぜる。Bを加え、混ぜる。塩、牛乳も加え、最後にチョコレートチップを加え、混ぜる。
2　そのまま味わう。あるいは直径4.5cmほどの小さなアイスクリームディッシャーで2等分にしてすくい、バットにのせ、上からもラップを貼りつけ、冷凍庫で1時間ほど冷やしかためる。
3　食べる際は、少し解凍させてからスプーンですくう。

No Bake Cookie Dough

「アイスクリームクッキードゥ」

ねっとり

小麦粉を生のまま使うと
安心して食べられないので、
煎ったりするといいのですが、
今回のようにアイスクリームと一緒に食べる場合は、
はったい粉を使うのがおすすめ。
はったい粉で手軽に作るクッキードゥには
独特の風味があるので、
好みが分かれそうではありますが……。
アイスクリームと合わせると持ち味が生きて、
いいアクセントになります。

●材料（直径約4.5cm6個分）
バター（食塩不使用／室温）…10g
ブラウンシュガー（またはキビ砂糖）…大さじ1
バニラエッセンス…数滴
はったい粉（麦こがし）…15g
牛乳…30g
チョコレートチップ（またはラムレーズン）…10g
ココナッツファイン…小さじ2

好みのアイスクリーム…適量

●下準備
・ココナッツファインは、香ばしくなるまで
　フライパンで炒る。あるいは180℃の
　オーブンで3分加熱する。
・バットにラップを敷く。

✦ Storing ✦
2レシピ共通
● 冷凍…密閉容器に入れて
2週間ほど。

●作り方

1. 小さなボウルにバターを入れ、湯せんにかけて溶かす。ブラウンシュガーとバニラエッセンスを加え、シリコンベラで混ぜる。はったい粉と牛乳を半量ずつ交互に加え、その都度混ぜ合わせる。最後にチョコレートチップ、ココナッツファインを加え、混ぜる。

2. 小さなアイスクリームディッシャー（またはスプーン2本）で6等分にしてまとめ、バットにのせ、上からもラップを貼りつけ、冷凍庫で1時間ほど冷やしかためる。

3. 食べる際は、アイスクリームディッシャーにクッキードゥをひとつのせ、包み込むように好みのアイスクリームをすくい、コーンや器に入れる。

サンドイッチクッキーとフィルドクッキー

クッキーにクリームをはさむだけでなく、
もっと豊かなバリエーションが広がっている……

　サンドイッチがこよなく愛されるアメリカでは、「サンドイッチクッキー」やフィリングを包んだ「フィルドクッキー」も大人気。市販品では、リーフ社が復活させたチョコサンドクッキー「ハイドロックス」を真似て生まれたナビスコ社の「オレオ」を筆頭に、クッキーでクリームをはさんだものが一般的ですが、サンドイッチクッキーとフィルドクッキーの世界はもっと豊かに広がっています。

　たとえばロイヤルクラウン（RC）コーラと合わせるのが定番の、グラハムクラッカークッキーでマシュマロをはさんでチョコレートがけする南部名物「ムーンパイ」。アーミッシュのお菓子として知られる「ウーピーパイ」、などが有名です。

　そして、クッキー好きなら冷凍庫に常備しておきたいのが、好みのクッキーでアイスクリームをはさむ、レシピ不要の逸品デザート「アイスクリームクッキーサンドイッチ」です。

Carrot Cake Cookies

しっとり

キャロットケーキクッキー

recipe — p.104

アメリカで愛される キャロットケーキを クッキー仕立てに

Mini Pumpkin
Whoopie Pies

しっとり

ミニパンプキンウーピーパイ

recipe — p.105

アーミッシュの伝統菓子ウーピーパイは、アメリカ中で大人気

キャロットケーキ
クッキー

大好きなニンジンを
できるだけたくさん入れるため、
細かく切って水分をギュッと絞り、
それから使うようにしています。
くれぐれも水分たっぷりのまま
生地に加えないようご注意を。

ニンジンケーキの始まりは、イギリスで食べられていた「キャロットプディング」にさかのぼるとされますが、今のようなオイルで作るキャロットケーキが誕生し定着したのは、1960年代のこと。植物油の会社のプロモーションと消費者の健康志向がぴったりと合ったためでした。

アメリカで愛されてきた「レーズンたっぷりのスパイスケーキ」にオイルとニンジンをプラスした「モダンなキャロットケーキ」は大流行し、以降オイルを使うアップルソース、パンプキンやパイナップルなどの果物や野菜のケーキがたくさん作られるようになりました。果物や野菜には自然な甘さがあるので、砂糖の量をおさえられるところも人気の支えとなりました。

材料（直径5cm8個分）

A	薄力粉 …80g
	ベーキングパウダー …小さじ1/2
	シナモンパウダー …小さじ1/3
	ナツメグパウダー …小さじ1/8

バター（食塩不使用／室温）…45g

ブラウンシュガー（またはキビ砂糖）…40g

オートミール（大粒のもの）…20g

卵（室温）…M玉1個

B	ニンジン …正味80g
	クルミ（ローストして、粗く砕く）…50g
	レーズン …30g

●パイナップルクリームチーズフロスティング

クリームチーズ …100g

はちみつ …10g

パイナップル（缶詰／細かく刻み、
　キッチンペーパーで汁気を取る）…2枚

下準備

・オーブンは190℃に予熱。

・天板にオーブンペーパーを敷く。

・ニンジンは皮をむき、4面おろしの
　一番大きな面でおろし、
　キッチンペーパーで水気を絞る。

・レーズンは熱湯で1分茹でてザルにあげ、
　キッチンペーパーで水切りする。

作り方

1 ボウルにバターを入れ、ホイッパーで混ぜる。ブラウンシュガーも加え、さらに混ぜる。オートミールを加え、よく混ぜる。溶いた卵を少しずつ加える。オートミールがしんなりするまで、5分ほどおく。**A**を合わせてふるい入れ、シリコンベラで練らないように混ぜる。粉が見えなくなる直前に、**B**を加えて混ぜる。

2 天板にアイスクリームディッシャー（またはスプーン2本）を使って16等分にしてすくい落とす。その際、スプーンで丸く整えると、均等に焼き上がる。

3 190℃のオーブンで14分ほど、中はふんわり、表面は香ばしくなるまで焼く。網に取り、冷ます。

4 ●パイナップルクリームチーズフロスティング
小さなボウルにクリームチーズを入れて練り、はちみつを加えてさらによく練る。パイナップルも加える。クッキーの裏面にパレットナイフで塗り、2枚一組にサンドする。一組ずつラップで包み、ひと晩おいて、フロスティングの水分がクッキーにほどよく移りなじんだら食べ頃。

⁑ Storing ⁑

・冷蔵…フロスティングをはさんだ状態で、ラップでぴったり包んで翌日まで。

・冷凍…フロスティングをはさまない状態で、保存袋に入れて3週間ほど。オーブンで温め、冷めたら、フロスティングをはさむ。

⁑ Point ⁑

・ニンジンは水気を絞った状態で計量する。

ミニパンプキン
ウーピーパイ

伝統的なチョコレート生地のほか
モラセス生地、このレシピのような
カボチャ生地も大人気。
フィリングには、マシュマロや
クリームチーズで仕立てたものを
よく使います。

パイといっても、ケーキ生地で作る小さな焼き菓子。

かつてケーキとパイは同じ型を使っていたその名残で、丸く焼いたケーキ生地でフィリングをはさんだものをパイと呼ぶことがあります。

ニューイングランド地方やペンシルヴェニア州のアーミッシュの名物として知られるウーピーパイは、大恐慌時代の前後に生まれたようで、チョコレートケーキの残り生地をこそいでクッキーサイズに焼いてクリームをサンドしたお菓子を、自分のランチバッグの中に発見した子どもたちが、「Whoopie!（やったー!）」と叫んだのでこう名づけられたのだとか。

材料（直径5.5cm14個分）

A 薄力粉 …120g
　　ベーキングパウダー …小さじ1
　　シナモンパウダー …小さじ1/2
　　クローヴパウダー …小さじ1/6

B カボチャ …正味100g
　　ブラウンシュガー（またはキビ砂糖）
　　　…80g
　　塩 …小さじ1/6

卵（室温）…M玉1個

植物油（太白ゴマ油など）…40g

●パンプキンフィリング

カボチャ …正味100g

クリームチーズ …60g

C 粉砂糖 …35g
　　シナモンパウダー …小さじ1/3
　　ジンジャーパウダー …小さじ1/4

仕上げ

クルミ（またはピーカンナッツ／
　ローストして、粗く砕く）…適宜

下準備

・オーブンは180℃に予熱。

・天板にオーブンペーパーを敷く。

・カボチャは適当な大きさにカットし、ラップでふんわり包む。600Wの電子レンジで3分～3分半、やわらかくなるまで加熱。皮と種を除き、ホイッパーでピュレにした状態で計量する。

作り方

1 ボウルに**B**を入れ、ホイッパーでなめらかになるまで混ぜる。溶いた卵、植物油も加え、混ぜる。**A**を合わせてふるい入れ、シリコンベラで練らないように混ぜる。

2 天板にアイスクリームディッシャー（またはスプーン2本）を使って28等分にしてのせる。指先に少量の水をつけ、直径4.5cmの丸形に整える。

3 180℃のオーブンで12～14分、表面を押して弾力が出るまで焼く。網に取り、冷ます。

4 ●パンプキンフィリング
ボウルにクリームチーズを入れてホイッパーで練り、カボチャを加えてさらによく練る。**C**を合わせて少しずつふるい入れ、混ぜる。クッキーの裏面にパレットナイフで塗り、2枚一組にサンドする。断面のフィリングにクルミをまぶす。一組ずつラップで包み、ひと晩おいて、フィリングの水分がクッキーにほどよく移りなじんだら食べ頃。

✛ Storing ✛

・冷蔵…ラップに包んで翌日まで。
・冷凍…フィリングをはさまない状態で、保存袋に入れて3週間ほど。
　冷蔵庫でゆっくり解凍してからフィリングをはさむ。

✛ Point ✛

・フィリングには、粉砂糖などで甘味をつけたクリームチーズを使ってもいい。
・生地にナツメグとジンジャーパウダーを各ひとつまみずつ加えると、味に深みが出る。

Cinnamon Brown Sugar Toaster Pastries

シナモンブラウンシュガートースターペイストリー

recipe — p.108

サクサク

シリアルと同じくらい一般的な朝食で市販品は種類豊富

イチジクのお菓子が少ないアメリカで、最も知られる伝統菓子

サクサク
しっとり

Fig Rolls
フィグロール

recipe — p.109

シナモン ブラウンシュガー トースター ペイストリー

風味豊かなサクサク食感の生地で、
伝統的でありながらも、
ちょっとユニークな
ブラウンシュガーフィリングを
サンドしました。文字通り、
トーストするとよりおいしい。

材料（10×10cm2個分）

薄力粉 …80g
バター(食塩不使用／室温) …40g
クリームチーズ(室温) …20g
A　グラニュー糖 …10g
　　レモンの皮(すりおろす) …1/2個分
　　レモン果汁(室温) …10g

● ブラウンシュガーシナモンフィリング

ブラウンシュガー(またはキビ砂糖) …20g
薄力粉 …小さじ2/3
シナモンパウダー …小さじ1/3

● シナモンアイシング

粉砂糖(だまがあればふるう) …30g
シナモンパウダー …小さじ1/8
牛乳 …小さじ1

下準備

・オーブンは180℃に予熱。
・天板にオーブンペーパーを敷く。
・ブラウンシュガーシナモン
　フィリングの材料を混ぜておく。

　フィリング入りの焼き菓子「トースターペイストリー」は、シリアルと同じくらい一般的なお手軽朝食。
　1964年にケロッグ社が発売した「ポップターツ（右下の写真）」は、その代名詞になっているほど人気で、アメリカでは誰でも知っています。
　スーパーマーケットに行くと、シリアルのコーナーの隣にいろいろな種類のトースターペイストリーがずらりと並ぶほか、最近では手作りにも注目が集まっています。

作り方

1 ボウルにバターを入れ、シリコンベラで練る。クリームチーズも加え、さらに練る。Aを加える。薄力粉をふるい入れ、練らないように混ぜる。ラップで包み、30分ほど冷蔵庫で休ませる。

2 生地を取り出し、手粉の強力粉（分量外）を使いながら、20×20cmにのばし、10cm角の正方形になるよう4等分に切る。生地4枚それぞれの縁に、糊代わりの冷水を少量塗る。生地2枚それぞれに、縁から2cmを残して、ブラウンシュガーシナモンフィリングをのせる。残りの生地を重ねて縁を指でおさえてから、フォークでしっかりおさえる。表面にフォークで穴を空け、天板にのせる。

3 180℃で18分ほど、周囲に香ばしい焼き色がつくまで焼く。網に取り、冷ます。

4 ● シナモンアイシング
小さなボウルにシナモンアイシングの材料を入れ、つややかになるまでよく練る。生地の表面に細くかけるか、フォークで筋状に塗る。

+ Storing +

・常温…密閉容器に入れて数日。
・冷凍…アイシングをかけない状態で、保存袋に入れて3週間ほど。
オーブンで温め、冷めたら、アイシングをかける。

+ Point +

・生地と生地を重ねるときは、縁からそっと合わせるようにする。
・ブラウンシュガーシナモンフィリングの代わりに、好みのジャムやチョコレートをはさんでもいい。

フィグロール

イチジクとナッツの割合や
甘さの調整ができ、
生地も自分の好みに作れるだけでなく、
何よりも焼きたてのおいしさが
格別なので、私は手作り一辺倒です。

イチジクを使う伝統的なお菓子が少ないアメリカで、イチジクの焼き菓子といえば、全粒粉入りの生地でイチジクフィリングを包んだこのクッキー。もともとは消化によくて体にやさしい焼き菓子として手作りされていました。

19世紀後半になるとマサチューセッツ州ケンブリッジのケネディ・ビスケット・カンパニーが機械生産を始め、現在は同社を買収したナビスコ社の製品、同州東部の都市ニュートンにちなむ「フィグニュートンズ」の名で広く知られます。

材料（2×5cm20個分）

A
- 薄力粉 …70g
- 薄力全粒粉 …50g
- ベーキングパウダー …小さじ1/2

バター（食塩不使用／室温）…30g
ブラウンシュガー（またはキビ砂糖）…40g
卵（室温）…M玉1個
バニラオイル …数滴

●イチジクフィリング

B
- ドライイチジク（芯を除く）…120g
- ドライデーツ（種抜き）…60g
- はちみつ …30g
- ブランデー（またはラム酒）…20g
- シナモンパウダー …小さじ1

ホールアーモンド（ローストする）…50g

下準備
・オーブンは190℃に予熱。
・天板にオーブンペーパーを敷く。

作り方

1 ボウルにバターを入れ、シリコンベラで練る。ブラウンシュガーを加え、さらに練る。溶いた卵を少しずつ加えて混ぜる。バニラオイルを加える。**A**を合わせてふるい入れ、練らないように混ぜる。2等分にしてラップで包み、30分ほど冷蔵庫で休ませる。

2 ●イチジクフィリング
フードプロセッサーに**B**を入れ、ペースト状にする。ホールアーモンドを加え、食感が残るよう少し回す。2等分してラップに包み、それぞれ25×5cmに整えておく。

3 生地を取り出し、手粉の強力粉（分量外）を使いながら、それぞれ25×12cmにのばす。イチジクフィリングをのせて両端から包み、しっかり止める。めん棒を使って高さ1cmに整え、天板にのせる。

4 190℃のオーブンで15分ほど、香ばしい焼き色がつくまで焼く。網に取り、粗熱が取れたら、それぞれ10等分に切る。焼きたてはサクサクだが、ラップで包んで室温においた翌日はしっとりする。

✣ Storing ✣
- 常温…密閉容器に入れて数日。
- 冷凍…保存袋に入れて3週間ほど。冷凍のまま180℃のオーブンで5分ほど加熱し、余熱で中まで温める。

✣ Point ✣
- 両端を包むときは、少量の水をつけてしっかりとめる。
- イチジクはセミドライのしっとりとしたタイプを使う。今回はアメリカ産のブラックミッションを使用
- フィリングの甘さをおさえたいときは、ブランデーを省き、代わりにレモン果汁大さじ1を加えると、さっぱりとした甘さに仕上がる。

Column 5

板状に焼いて割って食べる

メレンゲバーク

樹皮という意味をもつ「バーク」。チョコレートにナッツやドライフルーツなどをトッピングする板状の「チョコレートバーク」や、クリスマスの時期に登場するペパーミントキャンディを砕いてのせた「ペパーミントバーク」などが知られます。最近ではそこから派生し、いろいろな板状のお菓子が「バーク」と呼ばれ、親しまれています。

ぜひ家庭で手作りしてほしいのが、メレンゲを天板に薄く広げて焼くだけの「メレンゲバーク」。難しい成型もなく、焼き時間も短い上に失敗が少ないので、気楽に作れます。混ぜ込むものやトッピング次第で、さまざまなアレンジを自由に楽しめるのも魅力です。

「チョコレートメレンゲバーク」

チョコレートの風味はしっかりするけれど、
空気をたっぷり含んでいるので、
いたって軽やかな食感。

●材料（15×24cmのシリコンマット1枚分）
卵白（室温）…35g（M玉約1個分）
粉砂糖…25g
バニラオイル…少々
チョコレート（カカオ分60％）…40g
ホールアーモンド（ローストして、粗く刻む）…30g
ピスタチオ（粗く刻む）…15g

●下準備
・オーブンは170℃に予熱。
・天板にオーブン用シリコンマットを敷く。
・チョコレートを湯せんで溶かしたら、火を止めて湯せんにかけたまま温めておく。

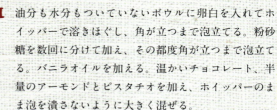

●作り方

1 油分も水分もついていないボウルに卵白を入れてホイッパーで溶きほぐし、角が立つまで泡立てる。粉砂糖を数回に分けて加え、その都度角が立つまで泡立てる。バニラオイルを加える。温かいチョコレート、半量のアーモンドとピスタチオを加え、ホイッパーのまま泡を潰さないように大きく混ぜる。

2 天板にパレットナイフで15×24cmに広げ、残りのアーモンドとピスタチオをのせる。

3 170℃のオーブンで15分ほど、全体が乾くまで焼く。焦げやすいので注意。焼き色がつかないようにする。120℃に下げて10分ほど焼く。スイッチを切ったら、オーブンの扉を閉じた状態で20分ほどおいてしっかりと乾燥させる。機種により多少時間は前後するので、数回試して。完全に冷めたらオーブン用シリコンマットからはがし、好みの大きさに割って食べる。

Meringue Bark

サクサク

「ポップコーンメレンゲバーク」

ココナッツマカロンが好きな人に
おすすめしたいココナッツ風味のメレンゲに、
ポップコーンやナッツを加えて
香ばしく焼き上げるレシピです。
アイスクリームやシャーベットに合わせるほか、
ポップコーンと相性のよい
カスタードクリームに添えると、
それだけで素敵なデザートになります。

●材料（15×24cmのシリコンマット1枚分）

卵白（室温）…35g（M玉約1個分）

粉砂糖…25g

バニラオイル…少々

ポップコーン
　（細かく刻む、またはポリ袋に入れて指の腹で潰す）…15g

ココナッツファイン（できるだけ細かいもの）…15g

ホールアーモンド（ローストして、細かく刻む）…15g

●下準備
・オーブンは150℃に予熱。
・天板にオーブン用シリコンマットを敷く。

●作り方

1 チョコレートメレンゲバーク（p.110参照）と同様にしてメレンゲを作ったら、2/3量のポップコーン、ココナッツファイン、アーモンドを加え、シリコンベラで泡を潰さないように混ぜる。

2 天板にパレットナイフで15×24cmに広げ、残りのポップコーンをのせる。

3 150℃のオーブンで20分ほど、全体に焼き色がつくまで焼く。スイッチを切った後は、チョコレートメレンゲバーク（p.110参照）と同様にする。

✧ Storing ✧

2レシピ共通

- 常温…密閉容器に乾燥剤とともに入れて5日〜1週間。
- 冷凍…保存袋に入れて3週間ほど。冷凍庫から出してすぐ、解凍せずに食べられる。

111

Part.6

スクエアとバー

正方形や長方形の型で大きく焼き、
四角や細長に小さく切り分けて食べるクッキー

　正方形や長方形の型で焼き上げ、四角（スクエア）、もしく
は細長（バー）にカットして食べることが多いので、「スクエア」
または「バー」。どちらも大きく焼いて、小さく切り分けるクッ
キーの通称です。

　ファッジやケーキに近いアメリカの家庭菓子の定番「ブラウ
ニー」も、アメリカのコーヒーショップの定番「レモンスクエ
ア」もこのタイプで、まぎれもなくクッキーの仲間です。

　型がなければポロポロと崩れるもろい生地でも、トロトロと
ゆるめの液状の生地でも、スクエアとバーなら大丈夫。まとま
りにくいショートブレッド生地、細かく砕いたグラハムクラッ
カーを敷き詰める、焼く前にコンデンスミルクを生地にたっぷ
り回しかけるなんていうユニークなレシピも、型があればこそ。
小さいサイズに焼き上げるクッキーよりも成型に手間がかから
ないので、忙しい人にもおすすめです。

　スクエアとバーはデザートに向くものが多く、たとえばブラ
ウニーにアイスクリームやゆるく泡立てた無糖の生クリームを
添えるだけで、とびきり素敵なひと皿になります。

ピーナッツバターと
マーマレードの朝食スクエア

しっとり

Peanut Butter
Orange Marmalade
Breakfast Squares

ピーナッツバターに
酸味のあるマーマレードを合わせるのが好き。
さらに、ローズマリーの香りを添えれば、
キラキラとした夏の日差しによく合う、
爽やかな朝食向きの味わいになります。

　最近ではアーモンドやヘーゼルナッツなど、いろいろなナッツのバターが手に入るようになったけれど、やはりピーナッツバターは特別です。アメリカではバターに代わるヴェジタリアン向けのナッツ（豆）バターとして、1890年代から今に至るまで愛されているもの。栄養があっておいしくて、懐かしい素朴な味わいも魅力です。

　ピーナッツはアメリカ南部の特産品ですが、同時に私の生まれ育った千葉県の特産品でもあります。家でも学校給食でもピーナッツが欠かせない食生活を送っていた子ども時代には、あまりにも日常のことで気づかなかったのですが、アメリカ留学中にホームシック気味になったとき、口にしたピーナッツバターをミルクチョコレートで包んだお菓子に心癒され、自分の中でピーナッツの存在がとても大きいことに気づきました。

　かつて子どもたちのランチの人気メニューだった「ピーナッツバター＆ジェリーサンドイッチ」にあるように、ジャムやジェリー（果肉の入らないジャム）との組み合わせが定番ですが、私は香りがよくて酸味のあるマーマレードを合わせるのも好きです。

ピーナッツバターと甘酸っぱいマーマレードの爽やかな組み合わせ

材料（15×15cmの角型1枚分）

- **A**
  - 薄力粉…80g
  - 塩…小さじ1/5
- ローズマリーの葉（生でもドライでも）…小さじ2
- **B**
  - 植物油（太白ゴマ油など）…30g
  - ブラウンシュガー（またはキビ砂糖）…35g
  - ピーナッツバター（微糖でクリーミーなタイプ）…70g
- 卵（室温）…M玉1/2個分

トッピング

オレンジマーマレード…90g

下準備

- オーブンは180℃に予熱。
- 型の底と側面にオーブンペーパーを敷く。

作り方

1. ボウルにBを入れ、ホイッパーで混ぜる。溶いた卵を少しずつ加える。Aを合わせてふるい入れ、ローズマリーの葉も加え、シリコンベラで練らないように混ぜる。
2. 生地60gを取り分け、残りの生地を型の底に敷く。生地にラップをのせ、指先でしっかり敷き詰め、ラップを取ってフォークで底生地全体に穴を空ける。
3. 180℃のオーブンで12分ほど焼く。その間に、取り分けた生地を9等分にして丸め、直径4cmに広げる。底生地が焼けたら一度取り出し、表面にオレンジマーマレードを塗り、9等分した生地をのせる。オーブンに戻し、さらに20〜23分、表面に焼き色がつくまで焼く。型から外して冷まし、9等分に切る。

✢ Storing ✢

- 常温…密閉容器に入れて数日。
- 冷凍…保存袋に入れて3週間ほど。オーブンで温める。

✢ Point ✢

- ブラウンシュガーとオレンジマーマレードの量はかなり控えめなので、好みで増やして楽しんで。

115

アメリカ人の大好物
サクサクねっとり食感で、
コーヒーとよく合う

Coconut Lemon Bars

ココナッツレモンバー

サクサク
ねっとり

**アメリカ人が愛してやまないサクサクとした軽快な食感の生地と、
キャンディのようにねっとりとした濃厚なフィリングの組み合わせです。**

　サクサクした生地＆キャンディのようにねっとりとしたフィリングの組み合わせのお菓子は、アメリカ人の大好物です。

　パイ生地に濃厚なフィリングを流して焼き上げるアメリカ南部の名物「ピーカンパイ」は、まさにその組み合わせでアメリカ人のハートをがっちりつかんでいますが、この「ココナッツレモンバー」もサクサクねっとりの仲間。サクサクに焼き上げたショートブレッド生地の上に、レモンとココナッツが香るキャンディのようなキャラメルのようなフィリングを合わせたものです。

　とても濃厚なので、我が家では最近、15cmの型を使って厚さを出さずに薄めに焼くことが多くなりました。おいしいうちに無理なく食べきれるサイズです。

✢ Storing ✢
- 常温…密閉容器に入れて数日。夏場は常温ではなく冷蔵で数日。
- 冷凍…保存袋に入れて3週間ほど。冷蔵庫でゆっくり解凍する。

✢ Point ✢
- 焼きすぎるとパサつくので注意。

材料（15×15cmの角型1枚分）
薄力粉	…80g
バター（食塩不使用）	…35g
粉砂糖（またはグラニュー糖）	…15g
レモン果汁	…小さじ1と1/2

● ココナッツレモンフィリング

A 卵（室温）…M玉1個
　　グラニュー糖…60g

B レモン果汁…10g
　　レモンの皮（すりおろす）…1/2個分

C ココナッツファイン…30g
　　クルミ（ローストして、細かく刻む）…30g
　　ドライクランベリー…25g

下準備
・オーブンは180℃に予熱。
・型の底と側面にオーブンペーパーを敷く。

作り方

1 ボウルに薄力粉をふるい入れ、バターと粉砂糖も加え、サラサラになるまでカードで刻む。レモン果汁を加える。

2 ポロポロの生地のまま、型の底に敷く。生地にラップをのせ、指先でしっかり敷き詰め、ラップを取ってフォークで底生地全体に穴を空ける。

3 180℃のオーブンで12分ほど焼く。

4 ●ココナッツレモンフィリング
別のボウルに **A** を入れてホイッパーですり混ぜ、**B** も加えて混ぜる。**C** を加える。底生地が焼けたら一度取り出し、表面にフィリングをまんべんなくのせる。オーブンに戻し、さらに20分ほど、表面に香ばしい焼き色がつくまで焼く。型から外して冷まし、12等分に切る。

とうふレモンスクエア

サクサク
とろり

カフェの定番「レモンスクエア」の
ヴィーガン（完全菜食主義者）バージョン

Tofu Lemon Squares

材料（15×15cmの角型1枚分）

薄力粉 …70g

A アーモンドパウダー（できれば皮つき）…50g

グラニュー糖 …20g

B 植物油（太白ゴマ油など）…40g

レモン皮（すりおろす）…小1個分

冷水 …小さじ1

●豆腐フィリング

C 絹ごし豆腐 …180g（160〜150gに水切りして使う）

レモン果汁 …60g

グラニュー糖 …80g

ターメリックパウダー …小さじ1/8

コーンスターチ …大さじ1

バニラオイル …少々

レモンの皮（すりおろす）…小1個分

仕上げ

粉砂糖 …適宜

ラベンダーの花（食用）…適宜

下準備

・オーブンは180℃に予熱。

・型の底と側面にオーブンペーパーを敷く。

・生地を作る前に、絹ごし豆腐は4枚にスライスし、それぞれキッチンペーパーでグルグル包み、水切りを始めておく。

✛ Storing ✛

● 冷蔵…密閉容器に入れて数日。

✛ Point ✛

● ターメリックを入れすぎると、香りが気になるので注意。黄色く染めるためなので、省いてもいい。

● レモンの皮には豆腐のクセをおさえる役割もあるので、省かないこと。

● コクがあるクッキーなので、小さく切って食べる。

● しっかり冷やすことで、きれいに切り分けられる。

おいしく作るコツは、絞りたてのレモン果汁と香りのよい果皮を使うこと。全体的に淡泊なので、パンチの利いたフレッシュなレモンがあればこそ成り立つデザートです。おいしいレモンが手に入ったときにぜひ作ってみてください。

コーヒーと好相性、アメリカのカフェの定番「レモンスクエア」は、バターの香り豊かなショートブレッド生地の上に、卵黄を贅沢に使うレモンカードを流して焼き上げる、爽やかさと濃厚なコクを併せ持つ焼き菓子です。

香りのよい国産レモンが出回ると、作りたくてうずうずしますが、しょっちゅう食べるにはちょっと重いので、数回に一度はこのヴィーガン（完全菜食主義者）バージョンで。

卵黄の代わりに豆腐を使って、色はターメリックで補って。いつものレモンスクエアと同じ味ではないけれど、大豆文化で育った舌には豆腐バージョンもおいしく感じられるようで、我が家では好評です。

作り方

1 ボウルに薄力粉をふるい入れ、**A**を加えてシリコンベラで混ぜる。**B**を加え、さらに混ぜる。

2 型に生地を入れる。真ん中が厚くならないように注意しながら、手で平らにならす。

3 180℃のオーブンで23〜25分、香ばしい焼き色がつくまで焼く。型のまま冷ます。

4 ●豆腐フィリング

口径がせまい器に**C**を入れ、ハンディブレンダーでなめらかにする。レモンの皮を加える。冷めた生地の上に流し入れ、表面を平らにする。170℃に下げたオーブンに戻し、さらに25〜30分、中心にみずみずしさが残りつつもかたまるまで焼く。粗熱が取れたら、型ごと冷蔵庫で冷ましてから切り、粉砂糖をふり、ラベンダーの花を飾る。

とうふブラウニー しっとり

卵やバターを
摂りすぎないよう
気をつけている、
チョコレート好きな
母のために

**ヴィーガン（完全菜食主義者）向けの
ブラウニーでは、豆腐のほか、
アボカドやひよこ豆などで、
しっとりと濃厚な味わいに
仕上げることが多いけれど、
私はクセのない豆腐を使う方法が
気に入っています。**

　1900年代半ばまでには、私たちが日頃親しんでいる、リッチなチョコレートバークッキーとしての「ブラウニー」が定着します。
　アメリカを代表するこの茶色い焼き菓子の名前は、カナダ人イラストレーターが絵の題材にしていた茶色い妖精ブラウニーに由来するそう。その話を知って以来、夜中にそっと家事をしてくれるという妖精ブラウニーが、真夜中にせっせとこの焼き菓子を作る様子をつい妄想してしまいます。
　長方形や正方形で薄く焼いたチョコレート風味の焼き菓子は、すべてブラウニーというほどバリエーションは多く、ブラウニーのレシピには、「ウィキッド（Wicked：罪深き）ブラウニー」や「マッドスライド（Mudslide：泥流）ブラウニー」「キッチンシンク（Kitchen Sink：何でもかんでも入れる）ブラウニー」などがあって、どれも名前からして濃厚そうでたまりません。

Tofu Brownies

材料（15×15cmの角型1枚分）

A 薄力粉 …80g
　ココアパウダー（砂糖不使用）…35g
　ベーキングパウダー …小さじ1/2

B 絹ごし豆腐 …80g
　牛乳（またはアーモンドミルク）…60g
　植物油（太白ゴマ油など）…50g
　グラニュー糖 …80g
　ブランデー（またはラム酒）…大さじ1
　バニラオイル …少々

チョコレート
　（カカオ分60％以上／1.5cm角に切る）…20g

トッピング
マーブルチョコレート …35g

下準備
・オーブンは160℃に予熱。
・型の底と側面にオーブンペーパーを敷く。

作り方

1. 口径がせまい器にBを入れ、ハンディブレンダーでなめらかにする。ボウルに移し、Aを合わせてふるい入れ、ホイッパーでなめらかになるまで混ぜる。チョコレートを加える。
2. 型に生地を入れる。真ん中が少し薄くなるように注意しながら、シリコンベラで平らにならす。表面にマーブルチョコレートをまんべんなくのせる。
3. 160℃のオーブンで18分ほど、表面が液状でなくなるまで焼く。粗熱が取れたら型から外し、冷めてから切る。

✢ **Storing** ✢
・冷蔵…密閉容器に入れて数日。

✢ **Point** ✢
・焼きすぎるとパサつくので注意。
・マーブルチョコレートの代わりに、チョコレートチップ25gを使ってもいい。

ハロードーリー
クッキーバー

サクサク
しっとり

60年代の人気ミュージカル
『ハロー・ドーリー！』に
ちなんだかわいいネーミング

Hello Dolly Cookie Bars

こんなに大胆な作り方で大丈夫？
と心配になりますが……、大丈夫です！
アメリカで愛される
サクサクしっとり食感が詰まった
お菓子が失敗なくできます。
ビターなチョコレートを使えば
甘すぎることはないので、
ぜひ恐れずに一度お試しを。

　アメリカにはユニークな作り方をするお菓子がたくさんありますが、「ハロードーリークッキーバー」もそのひとつ。レシピを知ったとき、「これを考えた人は天才だ!」と、しばらく興奮冷めやらず。
　砕いたクラッカーと溶かしたバターを混ぜ合わせて敷き詰めて、その上にチョコレート、ナッツ、ココナッツを重ね、最後にコンデンスミルクをたっぷりかけて焼き上げます。
　ほんの少し材料を変えたものが「セブンレイヤークッキーズ」とか「マジックバー」とも呼ばれていますが、私は縁結びをテーマにした60年代の人気ミュージカル『ハロー・ドーリー！』にちなむこの名前が、何ともキュートで大好きです。

材料（15×15cmの角型1枚分）

グラハムクラッカー（またはリッツクラッカー／ポリ袋に入れ、めん棒で粉々に砕く）…50g	
バター（食塩不使用／室温）…25g	

フィリング

チョコレートチップ（ビタータイプ）…50g	
ホールアーモンド（ローストして、粗く刻む）…40g	
ココナッツロング …30g	
コンデンスミルク …120g	

下準備
・オーブンは160℃に予熱。
・型の底と側面にオーブンペーパーを敷く

作り方
1. 小さなボウルにバターを入れ、湯せんにかけて溶かす。グラハムクラッカーを加え、シリコンベラで混ぜる。
2. 型の底に敷く。スプーンの背などを使い、しっかり敷き詰める。表面にチョコレートチップ40g、アーモンド、ココナッツロング、チョコレートチップ10gをまんべんなく順にのせ、最後にコンデンスミルクを均等に回しかける。
3. 160℃のオーブンで20分ほど、周囲に香ばしい焼き色がつくまで焼く。粗熱が取れたら、型ごと冷蔵庫で冷まし、9等分に切る。

✢ Storing ✢
・冷蔵…密閉容器に入れて数日。

✢ Point ✢
・焼きすぎるとパサつくので注意。
・しっかり冷やすことで、きれいに切り分けられる。

隠者を意味する不思議な名前、ニューイングランド地方発祥の昔ながらのモラセスクッキー

Hermit Bar Cookies

ハーミットバー

**アメリカの古風な味の典型。
スパイスもレーズンもナッツも惜しみなく加え、
素朴ながらもかみしめるほどに味わい深く、
日ごとに寒さが増すような季節にぴったりです。**

　独特の風味があるモラセスで甘みをつけて、スパイスをたっぷり加え、レーズン、ナッツも惜しみなく加えるしっとりとしたクッキー。今回のように天板に広げて焼くバータイプのほか、ドロップタイプのクッキーとして楽しむこともあります。

　数日経つとスパイスが落ちつき、食感もしっとりしておいしくなるので、「隠者（ハーミット）のように人目につかないところにおくとよいから」とか、天板に広げて焼いた様子が「キリスト教の隠者（ハーミット）の着る茶色いローブに似ているから」とか、ユニークなその名の由来には諸説あります。

　ほかにも似たようなレシピのクッキーは山ほどありますが、ハーミットが長く愛されているのは、この不思議と惹きつけられる名前のおかげも大きいのではと思います。

✢ Storing ✢
- 常温…アイシングを塗った状態で、密閉容器に入れて4〜5日。
- 冷凍…アイシングを塗らない状態で、保存袋に入れて3週間ほど。冷蔵室でゆっくり解凍してから、アイシングを塗る。

✢ Point ✢
- 焼きすぎるとパサつくので注意。

材料（約4×12cm8個分）

A
- 薄力粉…100g
- ベーキングパウダー…小さじ1/2
- シナモンパウダー…小さじ1/2
- ナツメグパウダー…小さじ1/4
- オールスパイス…少々

- バター（食塩不使用／室温）…40g
- 卵（室温）…M玉1個
- モラセス…50g
- レーズン…50g
- クルミ（ローストして、粗く刻む）…50g

● レモンアイシング
- 粉砂糖（だまがあればふるう）…30g
- レモン果汁…小さじ1

下準備
- オーブンは180℃に予熱。
- 天板にオーブンペーパーを敷く。
- レーズンは熱湯で1分茹でてザルにあげ、キッチンペーパーで水切りする。

作り方

1 ボウルにバターを入れ、湯せんにかけて溶かす。卵とモラセスを加え、ホイッパーで混ぜる。**A**を合わせてふるい入れ、シリコンベラで混ぜる。粉が見えなくなる直前に、レーズンとクルミを加えて混ぜる。

2 天板に12×30cmに広げる。

3 180℃のオーブンで16分ほど、表面を押してしっかり弾力が出るまで焼く。崩れやすいので5分ほど天板の上で落ち着かせてから、網に取り、冷ます。

4 ● レモンアイシング
小さなボウルに粉砂糖とレモン果汁を入れ、つややかになるまでよく練る。完全に冷めたら、スプーンで筋になるようにかけ、8等分に切る。

125

Column 6

サクサク食感の名脇役

風味豊かなクラッカー2種

「グラハムクラッカー」はそのまま食べてもおいしいけれど、細かく砕いてパイなどの土台にするほか、アメリカ南部の名物「ムーンパイ」に使ったり、キャンプの焚火であぶったマシュマロとチョコレートをはさんで「スモアーズ」にしたり。普段のお菓子作りでも大活躍するクラッカーです。

そして、クックブックでは、クッキーの章ではなくオードブルの章に載る「チーズストロー」。カクテルパーティなどのフィンガーフードとして知られる、アメリカ南部の塩味のクラッカーです。

「チーズストロー」 サクサク

●材料（長さ20cm 約30本分）

薄力粉…100g
A ┃ 塩…小さじ1/4
　┃ 黒胡椒…小さじ1/5
　┃ カイエンペッパー…ひとつまみ（好みで加減して）
バター（食塩不使用）…50g
チェダーチーズ（細かくおろす）…40g
牛乳…20g

●下準備
・オーブンは170℃に予熱。
・天板にオーブンペーパーを敷く。

棒状に切ったり、ねじったり、
クッキープレスで細長い波状に絞り出すほか、
「ストロー（麦わら）」と名がつくのに
丸く形作ることもあります。
チーズの消費レシピとして広まったという説もある、
チーズたっぷりのクッキー。ビールにもよく合い、
気をつけないと食べすぎてしまいます。
フードプロセッサーを使えば簡単にできます。

●作り方

1. ボウルに薄力粉をふるい入れ、Aを加える。バターを加えて、カードで5mm角になるまで刻み込む。両手をすり合わせるようにし、サラサラの状態にする。チェダーチーズを加え、さらに細かくなるまで刻み込む。牛乳を加える（ここまでフードプロセッサーでもO.K.）。手でひとつにまとめ、めん棒で厚さ5mmの長方形17×20cmにのばし、ラップに包んで冷蔵庫で1時間ほど休ませる。
2. 短辺を幅6mmに切り、天板に並べる。
3. 170℃のオーブンで15分ほど、香ばしくなるまで焼く。網に取り、冷ます。

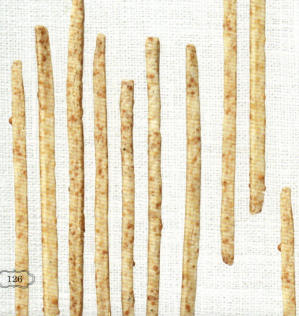

✣ Storing ✣
- 常温…密閉容器に入れて4日〜5日。
- 冷凍…保存袋に入れて3週間ほど。冷凍庫から出してすぐ、解凍せずに食べられる。

Crackers

「グラハムクラッカー」

本来は19世紀前半に
栄養面からその利用をすすめた、
シルベスター・グラハム博士の名前をつけた
全粒粗挽き粉「グラハム粉」を使いますが、
目が粗く少し食べにくいので、今回は薄力全粒粉で。
バターの代わりにショートニングまたはラード、
はちみつの半量をモラセスに代えれば、
よりサクサクで風味豊かなクラッカーになります。

●材料（6×10cm10枚分）

A
- 薄力粉…80g
- 薄力全粒粉…30g
- 重曹…小さじ1/4
- シナモンパウダー…小さじ1/4
- 塩…ひとつまみ

バター（食塩不使用）…30g
キビ砂糖…10g

B
- はちみつ…40g
- 牛乳（または豆乳／室温）…20g

●仕上げ
- グラニュー糖…小さじ1
- シナモンパウダー…小さじ1/4

●下準備
- オーブンは170℃に予熱。
- 天板にオーブンペーパーを敷く。

✦ Storing ✦
- 常温…密閉容器に入れて5日〜1週間。
- 冷凍…保存袋に入れて3週間ほど。
  冷凍庫から出してすぐ、解凍せずに食べられる。

●作り方

1. ボウルにAを合わせてふるい入れ、バターを加えて、カードで5mm角になるまで刻み込む。両手をすり合わせるようにし、サラサラの状態にする。キビ砂糖を加え、混ぜる。中央にくぼみを作り、Bを加え、切るようにして混ぜる（ここまでフードプロセッサーでもO.K.）。手でひとつにまとめてラップに包んで平らにし、冷蔵庫で1時間ほど休ませる。

2. 手粉の強力粉（分量外）を使いながら、めん棒で厚さ3mmの長方形20×30cmにのばし、天板にのせる。パイ生地カッターなどで四角を切り落とすように切り込みを入れ、さらに10等分になるよう切り込みを入れる。フォークで空気穴を空け、グラニュー糖とシナモンパウダーを混ぜたシナモンシュガーを表面にふる。

3. 170℃のオーブンで15分ほど、160℃に下げてさらに5分ほど、全体に香ばしい焼き色がつくまで焼く。完全に冷めるまで天板にのせたまま、しっかり乾かす。冷めたら、切り込みに沿って割る。

原 亜樹子
はら あきこ

菓子文化研究家。千葉県生まれ。米・イリノイ州MacArthur高等学校へ留学・卒業後、東京外国語大学へ進学。大学で食の文化人類学を学び、卒業後は特許庁に入庁。入庁6年目に退職し、菓子文化研究家へ転身。著書に『アメリカ郷土菓子』(PARCO出版)、『朝食ビスケットとコーンブレッド』(グラフィック社)、『おやつ＆おつまみビスコッティ』(主婦と生活社)ほか共著を含め多数。訳書に『ミエッテのお菓子』(クロニクルブックス・ジャパン)。

Staff
協力／青木昌美　撮影／広瀬貴子　デザイン／川添 藍
スタイリング／佐々木カナコ　校閲／高柳涼子　企画編集／本村のり子

歴史や文化がぎゅっと詰まった家庭菓子の56レシピ
アメリカンクッキー

2019年12月12日　発　行　　　　　　　　　　　　　　NDC596

著　者　原 亜樹子
　　　　はら あきこ
発行者　小川雄一
発行所　株式会社 誠文堂新光社
　　　　〒113-0033 東京都文京区本郷3-3-11
　　　　［編集］電話 03-5805-7285
　　　　［販売］電話 03-5800-5780
　　　　https://www.seibundo-shinkosha.net/
印刷・製本　図書印刷 株式会社

©2019, Akiko Hara.
Printed in Japan
検印省略
本書記載の記事の無断転用を禁じます。
万一落丁・乱丁本の場合はお取り替えいたします。

本書のコピー、スキャン、デジタル化等の無断複製は、著作権法上での例外を除き、禁じられています。本書を代行業者等の第三者に依頼してスキャンやデジタル化することは、たとえ個人や家庭内での利用であっても著作権法上認められません。

JCOPY <(一社)出版者著作権管理機構　委託出版物>
本書を無断で複製複写（コピー）することは、著作権法上での例外を除き、禁じられています。本書をコピーされる場合は、そのつど事前に、(一社)出版者著作権管理機構（電話 03-5244-5088／FAX 03-5244-5089／e-mail：info@jcopy.or.jp）の許諾を得てください。

ISBN978-4-416-71933-6